Herbert Schwinghammer

Hormone

MIDENA

Herbert Schwinghammer

Hormone

Stoffe, die unser Leben steuern

MIDENA

Inhalt

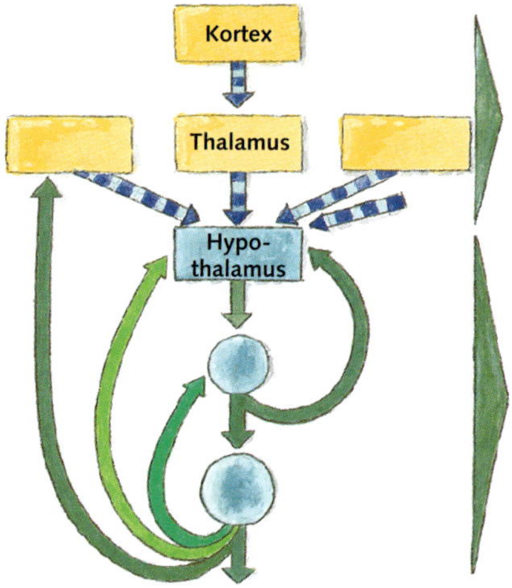

Der hormonelle Regelkreis.

Es gibt zwei Gruppen von Hormonen: Polypeptid- und Steroidhormone. Sie sind für die Kommunikation innerhalb unseres Körpers verantwortlich.

Vorwort 6

Kommunikation durch Hormone 8

Arbeit im Regelkreis 8

Rege Hormonproduktion im gesamten Organismus 14

Hormonelle Wirkungen sind komplex 20

Die wichtigsten Sexualhormone 22

Gemischt, aber doch getrennt 22

Frauenhormone 26

Die Hormone der Reife 26

Von der Keimzelle zur Pubertät 40

Ein Vorrat wird angelegt 40

Die Hormone vom Kindesalter an 44

Gibt es kindliche Sexualität? 44

Die Pubertät – die Frauenhormone verändern alles 49

40 Jahre lang volles Programm 62

Der Menstruationszyklus – nicht immer ganz reibungslos 62

Das prämenstruelle Syndrom (PMS) 76

Ein komplexes Krankheitsbild 76

Empfängnisverhütung mit Hormonen 82

Synthetische Hormone greifen in den Zyklus ein 82

Schwangerschaft und Hormone 94

Nur der Mensch ist auch Individuum 94

Unerfüllter Kinderwunsch 102

Ein Problem von Frau und Mann gleichermaßen 102

Wenn die Hormone nachlassen 116

Das Ende der Fruchtbarkeit in drei Phasen 116

Das Ende der Fruchtbarkeit – die ersten Anzeichen 118

Allgemeines über die Hormontherapie 134

Welche Frau kann mit Hormonen behandelt werden? 134

Die Hormontherapie im Einzelnen 138

Wechseljahre vorbei – was nun? 146

Hormone nach den Wechseljahren? 146

Wie jung muss die Frau über 40 sein? 154

Jungbrunnen Melatonin und DHEA? 157

Die Werte für sich neu definieren! 166

Glossar 170

Über dieses Buch 173

Register 174

Wenn der Wunsch nach einem Kind unerfüllt bleibt, so liegt es in der Regel nicht nur bei einem Partner. Kinderlosigkeit ist zu gleichen Teilen ein Problem von Mann und Frau.

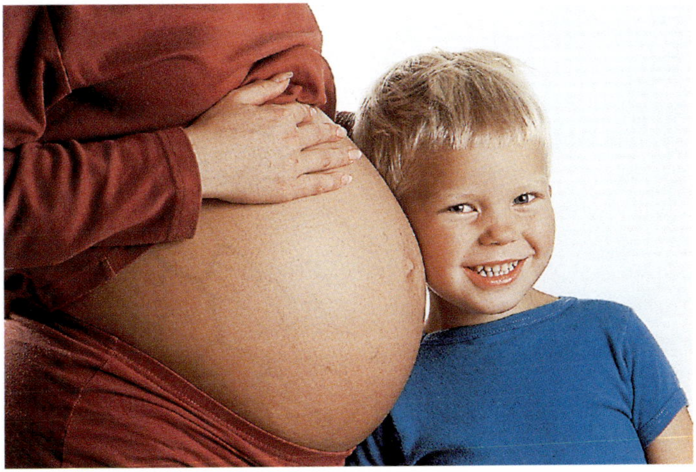

In der Schwangerschaft läuft die Hormonproduktion auf Hochtouren.

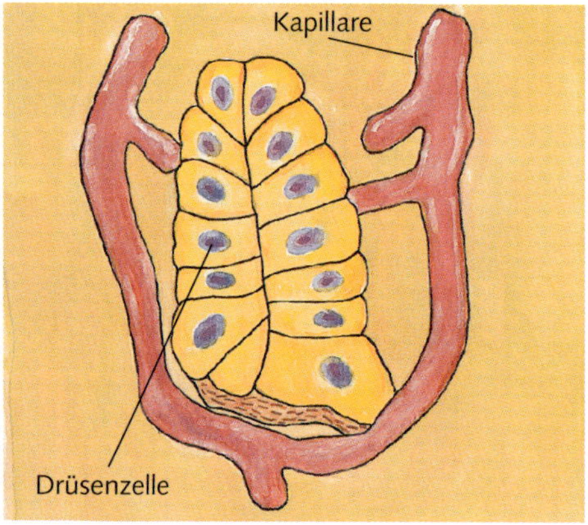

Die hormonbildenden Drüsenzellen sind von vielen Kapillaren umgeben. Ihre Sekrete, die Hormone, werden meist direkt in die Blutbahn abgegeben und entfalten bereits in geringsten Konzentrationen ihre Wirkung.

Vorwort

»Hormon« leitet sich von dem griechischen Wort »horman« (= »antreiben«) ab. Der Begriff ist zwar in aller Munde, wenn es um Liebe und Gefühle geht und ganz besonders dann, wenn von Sexualität die Rede ist. Aber die körpereigenen Wirkstoffe haben doch ein weit größeres Aufgabenspektrum abzudecken. Sie sind die Antreiber, In-Bewegung-Setzer, Koordinateure und Botenstoffe unseres Körpers in allen Bereichen und für alle Körperfunktionen.

Natürlich kommen Hormone nicht ausschließlich im menschlichen Organismus vor. Die Übermittler führen auch im Körper eines Tieres ihre wichtigen steuernden Funktionen aus. Und in den Pflanzen spielen sie eine ähnlich bedeutsame Rolle, etwa in den Wuchsstoffen oder Phytohormonen, die gewissermaßen das Nervensystem der Tiere ersetzen.

Kuriere in Lebewesen

Durch so genannte Botenstoffe werden Aussehen, Wachstum und eine Vielzahl anderer Aufgaben gesteuert.

Hormone sind Botengänger zwischen Zellen und Zellverbänden und übermitteln mit ihren Kurierdiensten lebenswichtige Nachrichten. Ohne diese Informationen könnten viele der Lebenserhaltungssysteme nicht koordiniert und damit nicht in der richtigen Art und Weise aufeinander abgestimmt werden. Schon bald würden die Systeme in einem sich steigernden Chaos gegeneinander statt miteinander arbeiten.

Selbst einfache Lebewesen, wie die Amöben, sind auf das Wirken der Hormone in ihrem Daseinssystem angewiesen, und auch die kleinste Pflanze ist ohne diese Botenstoffe nicht lebensfähig. Durch sie werden Aussehen, Wachstum, Stoffwechsel, Reifung, Fortpflanzung und eine Vielzahl anderer Aufgaben der Gewebe eines lebenden Organismus so gesteuert, dass aus den vielen einzelnen Prozessen und Funktionen ein gut funktionierendes

Gesamtsystem wird. Dabei müssen die hormonproduzierenden Zellen in ihrer Funktion genau aufeinander abgestimmt sein, damit nicht zu viele oder zu wenige der Kuriere auf den Weg geschickt werden.

Hormone bringen das Laub zum Fallen

Bei den Pflanzen sind es die Phytohormone, die ihr Lebenserhaltungssystem entscheidend steuern. Sie sind verantwortlich dafür, dass beispielsweise im Herbst das Laub abfällt oder dass die Pflanze ihre Winterruhe einhält. Die Phytochrome, eine Eiweißgruppe mit Farbstoffen, reagieren auf den Einfall von Licht. Man vermutet, dass dunkelrotes Licht Stoffwechselreaktionen und dadurch erhöhte Wirkungen im genetischen Material auslöst, die der Pflanze ihren Tag-Nacht-Rhythmus geben oder Samenkeimung, Wachstumsprozesse, Blütenbildung und viele andere lebenswichtige Reaktionen veranlassen. Auch sind sie zuständig dafür, dass für den pflanzlichen Stoffwechsel eine ausreichende Anzahl von Enzymen vorhanden ist.

Die Steuerung der Lebenserhaltungssysteme wird bei Pflanzen von den Phytohormonen wahrgenommen.

Zudem findet man in einer Reihe von Pflanzen (etwa in der Brennnessel) Hormone, die – werden sie dem Menschen verabreicht – in dessen Körper wichtige Funktionen erfüllen. Sie können gezielt zum Ausgleich einer Mangelerscheinung eingesetzt werden, aber auch dazu, bestimmte Vorgänge im Körper zu verhindern.

Hormone steuern das Leben von Pflanzen. Für die Blütenbildung, aber auch für Samenkeimung und Wachstum sind die lichtempfindlichen Phytochrome verantwortlich.

So enthält der Granatapfel natürliche Östrogene, deren chemische Zusammensetzung mit den entsprechenden weiblichen Geschlechtshormonen identisch ist. Für die erste Generation der Antibabypille wurden aus der tropischen Jamswurzel Gestagene isoliert – neben den Östrogenen die wichtigsten weiblichen Hormone. Die Inhaltsstoffe der Jamsknolle entsprechen übrigens denen der Kartoffel.

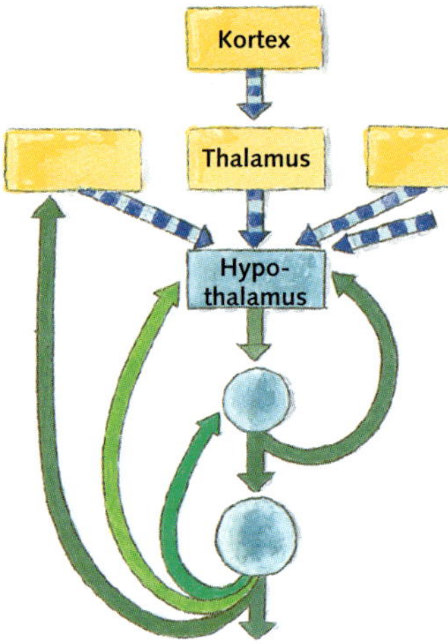

Kommunikation durch Hormone

Die einzelnen Organe, Zellgruppen oder Zellen stehen über die Hormone miteinander in Verbindung. Oft bestimmt das Zentralnervensystem als Leitstelle, welche dieser Stoffe erzeugt und ausgeschüttet werden sollen. Nach dessen Anstoß sondern meist Drüsen die Substanzen aus, die dann zu den Zielorganen gelangen und nach Leistung der Aufgabe zurückgeordert werden.

Der Hypothalamus arbeitet bei der Regulierung des Hormonhaushalts mit Hilfe so genannter Freisetzungshormone eng mit der Hypophyse (Hirnanhangsdrüse) zusammen.

Arbeit im Regelkreis

Das Gesamtsystem beruht im Wesentlichen auf Impuls, Produktion, Hinführung und Anregung oder Hemmung. Die Regulationsbezirke sind vernetzt und greifen ineinander über, weshalb Fremdsteuerung durch künstliche Hormone so schwierig ist. Eine zu groß bemessene Menge führt zu Störungen im Stoffwechsel, aber auch zu seelischen Problemen.

Man unterscheidet bei den Hormonen zwei Gruppen: Steroid- und Polypeptidhormone.

Alle Hormone im menschlichen Körper werden nach ihrer chemischen Natur in zwei Gruppen unterteilt: in Steroidhormone und Polypeptidhormone. Sie werden auf unterschiedliche Weise gebildet und sind auch in ihrer Zusammensetzung sehr verschieden. Dies hat zur Folge, dass ihre Wirkung im Organismus gänzlich andersartig ist. Zu den Steroidhormonen gehören beispielsweise die männlichen und die weiblichen Geschlechtshormone, zu den Polypeptidhormonen etwa das Insulin, das für den optimalen Blutzuckergehalt verantwortlich ist.

Die zwei Hauptgruppen der Hormone

Einer der wichtigsten Unterschiede zwischen den beiden Hormongruppen besteht in der Unmittelbarkeit der Verwendung.

Steroidhormone werden nach ihrer Produktion in den Drüsen oder in bestimmten Zellen sofort in das Blut ausgeschüttet. Polypeptidhormone speichert der Körper dagegen erst einmal in den Drüsen, bis sie das Signal von Botenstoffen bekommen, dass ihr Einsatz notwendig ist. Dementsprechend ist die Wirkungsweise der Hormongruppen in den Organen, für die sie bestimmt sind, nicht vergleichbar.

Steroidhormone dringen durch die Zellmembranen sofort ins Innere der Zelle ein und lösen dort Vorgänge aus, auf die die Zelle selbst keinen Einfluss hat. Es werden nach dem Bauplan der genetischen Zellstruktur (DNA) ganz bestimmte Eiweiße produziert, die dann als Enzyme die Zelle verlassen und im Sinne der Hormone auf das Organ einwirken.

Zwei Hormongruppen sind im menschlichen Körper vertreten, die Steroidhormone, zu denen die Geschlechtshormone zählen, und die Polypeptidhormone. Die beiden Gruppen sind völlig unterschiedlich zusammengesetzt, sodass sie sich in ihrer Wirkung stark unterscheiden.

Peptidhormone steuern nach dem Abruf aus den Drüsen durch Botenstoffe die Rezeptoren auf der Zelloberfläche des Zielorgans an und koppeln sich daran an. Dieses Andocken löst in der Zelle die Bildung eines Enzyms aus, das die Aufgabe hat, den Zugang des Hormons in das Zellinnere zu kontrollieren. Dabei identifiziert das Enzym das Hormon und meldet dessen Identität als so genannter second messenger in das Innere der Zelle. Die Nachricht dieses Vermittlers nimmt die Zelle zum Anlass, entsprechend des Auftrags wiederum ein bestimmtes Enzym zu bilden, das schließlich die gewünschte Wirkung im Organ auslöst.

Ausfall ruft Beeinträchtigung hervor

Auch wenn diese Abläufe in der Regel reibungslos funktionieren, so sind Störungen trotzdem möglich. Es kann die Produktion der Hormone durch bestimmte Faktoren ungünstig beeinflusst werden. Ebenso können bei der Übermittlung der Informationen durch die Botenstoffe sowie im angesteuerten Organ bei der Umsetzung der Hormonaufträge (Enzymproduktion) Probleme auftreten. Es zeugt von der Komplexität der Abläufe im Hormonhaushalt, dass es noch heute zu den kompliziertesten Aufgaben in der Medizin gehört, derartige Störungen einzugrenzen und erfolgreich zu therapieren.

Der Urin als Spiegel des Hormonhaushalts

Auskunft über den Hormonhaushalt erhält man durch eine Urinuntersuchung.

Wenn die Hormone ihre Wirkung entfaltet haben, sind sie ganz oder auch teilweise verbraucht und dürfen nicht länger im Organismus verbleiben, um das Gleichgewicht zwischen Produktion und Verbrauch der Hormone nicht zu stören. Die Entsorgung geschieht durch die Leber, wo die Hormone in ihre chemischen Bestandteile zerlegt und über den Urin ausgeschieden werden. Deshalb gibt eine Urinuntersuchung darüber Aufschluss, ob der Hormonhaushalt in Ordnung ist. Denn wenn ein bestimmtes Hormon nicht oder in zu geringer Menge im Urin nachgewiesen werden kann, ist dies ein Zeichen dafür, dass es nicht in ausreichender Menge vorhanden ist. Die Hormone können aber auch durch eine Blutuntersuchung nachgewiesen werden.

Steckbrief nach Produktionsort und Wirkung

Obwohl nahezu alle Hormone bei der Erledigung ihrer komplexen Aufgaben einen großen Anteil an Kurierdiensten leisten, gibt es reine Botenstoffe, die nicht mit Hormonen gleichgesetzt werden können, auch wenn diese Stoffe vereinfachend oft so genannt werden. Botenstoffe können nicht generell als Hormone, diese

Das glanduläre Hormon Melatonin in kristalliner Form. Melatonin hemmt über die Gonadotropine die Entwicklung der Gonaden (Geschlechtsdrüsen). Auch für die fehlende Pigmentierung von Haut und Haaren ist Melatonin verantwortlich.

aber immer als Botenstoffe bezeichnet werden. Hormone und Botenstoffe können nach ihrem Herkunftsort und ihrer Wirkungsweise weiter unterteilt werden.

■ Aglanduläre Hormone

Diese Art der Hormone ist aufgrund ihrer Herkunft atypisch, denn die Hormone werden nicht in Drüsen, sondern in ganz normalen Zellen des Gewebes produziert. Dabei sind diese Zellen nicht ausschließlich für die Hormonherstellung verantwortlich. Aglanduläre Hormone müssen von ihrem Produktionsort nicht die Blutbahnen auf dem Weg zu ihrem Bestimmungsort benützen, sondern sie können sich die Route direkt zwischen den Gewebezellen hindurch bahnen. Entsprechend ihres Herstellungsorts werden sie deshalb auch Gewebshormone genannt.

Nicht alle Botenstoffe sind Hormone, aber Hormone sind immer Botenstoffe!

■ Glanduläre Hormone

Im Gegensatz zu den aglandulären Hormonen werden die glandulären in den Drüsen produziert, weshalb sie auch als Drüsenhormone bezeichnet werden (lateinisch »glans« = Eichel, auch Drüse). Diese Hormone werden mit dem Blut transportiert, wobei ihr Einsatzbereich sowohl andere Drüsen als auch die weiter außen im Körper angesiedelten Organe umfasst.

■ Neurosekretorische Hormone

Die auch Nervenzellhormone genannten Stoffe werden von bestimmten Nervenzellen hergestellt. Sie werden über den Blutkreislauf verteilt und sind für komplizierte Abläufe im Nervensystem des Organismus verantwortlich.

■ Mediatoren

Diese hormonähnlichen Stoffe vermitteln Informationen in der nahen Umgebung der sie produzierenden Zellen oder des Gewebes, und ihre Wirkung ist auf diesen Bereich begrenzt. Sie werden deshalb nicht zu den Hormonen gezählt, denn ihre Aufgabe ist meist auslösend bzw. vermittelnd.

Aglanduläre Hormone werden in Gewebezellen produziert, glanduläre Hormone in Drüsen und neurosekretorische Hormone in bestimmten Nervenzellen.

Die Hypophyse befindet sich direkt unter dem Hypothalamus an der Schädelbasis. Der Hypothalamus ist ein Teil des Zwischenhirns und leitet über Freisetzungshormone Informationen an die Hypophyse weiter und veranlasst sie so zur Ausschüttung von zwei Hormonen, die in den Eierstöcken die Follikelreifung, den Eisprung und die Bildung des Gelbkörperhormons steuern und kontrollieren.

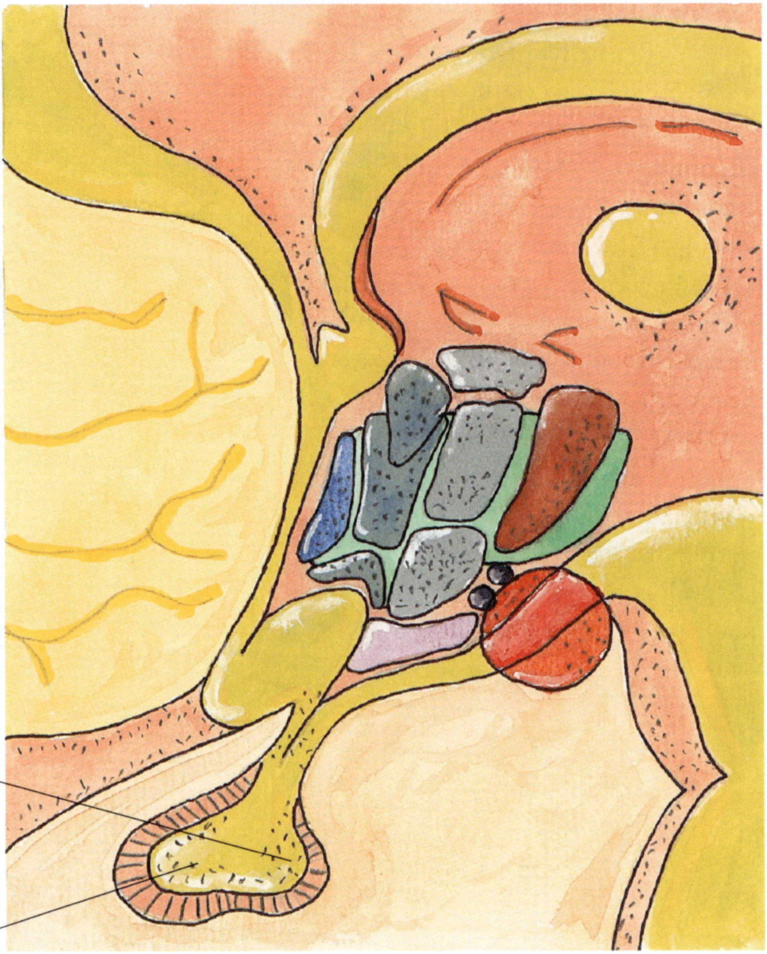

Lenker im Hintergrund – der Hypothalamus

Er ist der Hauptverantwortliche für unsere Urinstinkte: der Hypothalamus.

Die komplizierte Pflicht der Aufsicht über das Gefüge wird von zwei Bereichen des Gehirns wahrgenommen: vom Hypothalamus und von der Hypophyse. Der Hypothalamus ist ein Teil des Zwischenhirns und ist für die Urinstinkte verantwortlich, so etwa für das Hunger- und Durstgefühl, den Fortpflanzungstrieb, die Flucht- und Selbstverteidigungsreflexe. Das Verhalten der Tiere wird von ihrem Hypothalamus gesteuert. Die Funktionen des Steuerzentrums im Zwischenhirn hängen nicht vom vernunftbegabten Denken ab – alles geschieht rein automatisch ohne bewusstes Eingreifen. Der Hypothalamus ist neben der Hirnanhangsdrüse das wichtigste Organ zur Regulierung des Hormonhaushalts. Eine große Anzahl von Hormonen und Vermittlerstoffen wird in diesem Organ produziert. Zudem wird die Hormonproduktion in der Hirnanhangsdrüse reguliert.

Die Hormonausschüttung erfolgt aufgrund von Reizen, die von den Sinnesorganen in Form von Impulsen an das Zentralnervensystem in Gehirn und Rückenmark weitergeleitet und dort zu entsprechenden Befehlen verarbeitet werden.

Die Hormonzentrale reagiert auf Reize von den Sinnesorganen, die ihre Impulse über das Zentralnervensystem (ZNS) in Gehirn und Rückenmark, die Fortsetzung des Gehirns in der Wirbelsäule, übermitteln. Diese werden ausgelöst durch Berührungen, optische Eindrücke, Duftwahrnehmungen, Geräusche, Geschmacksempfindungen, Wärme, Kälte und Schmerz. Dabei wird zwischen angenehm anregenden und unangenehm überreizenden Impulsen unterschieden und dementsprechend die Hormonausschüttung reguliert. Dies hat zur Folge, dass der Hormonhaushalt in nicht geringem Maße von der seelischen Befindlichkeit des Menschen beeinflusst wird. Zudem überwacht der Hypothalamus ständig die hormonelle Zusammensetzung im Blut. Auf Abweichungen regiert diese Chefetage mit regulierenden Maßnahmen.

Die beherrschende Hormondrüse

Die Hypophyse (oder Hirnanhangsdrüse) liegt direkt unter dem Hypothalamus und arbeitet mit ihm zusammen. Die Informationen von ihm zur Hypophyse werden mittels der so genannten Freisetzungshormone übertragen. Die Hirnanhangsdrüse ist die alles beherrschende Drüse im Organismus, nach der sich alle anderen Drüsen in ihren Funktionen richten.

So werden in ihrem Vorderlappen Hormone erzeugt, die für die Drüsen und Organe des Körpers absolut notwendig sind. Im Hinterlappen der Hirnanhangsdrüse werden zwei wichtige Hormone gespeichert, die vom Hypothalamus hergestellt werden: das Vasopressin aus der Gruppe der so genannten antidiuristischen Hormone (ADH), das für einen funktionierenden Flüssigkeitshaushalt im Körper verantwortlich ist, und das Oxytozin, das durch die Reizung der Genitalorgane, durch deren Dehnung beim

Geburtsvorgang und durch das Saugen des Säuglings an den Brustwarzen ausgeschüttet wird.

Rege Hormonproduktion im gesamten Organismus

Hormone und Botenstoffe werden in Drüsen in fast allen Gewebebereichen des Körpers produziert und stehen überall als Kuriere zur Verfügung. Die hormonproduzierenden Drüsen werden endokrine Drüsen genannt, weil sie im Gegensatz zu den exokrinen Drüsen (z. B. Schweißdrüsen) ihr Produkt in das Innere des Körpers abgeben.

Keine Zelle würde mit einer anderen zusammenarbeiten können, wenn nicht Hormone oder hormonähnliche Botenstoffe Informationen untereinander übermitteln würden. Hormone werden nicht nur im Gehirn, sondern auch ganz in der Nähe der Organe hergestellt, in denen ihr Einsatz erfolgt. Allerdings konnten noch nicht alle Folgen ihres Tuns erforscht werden.

Die wichtigsten, im Hypothalamus gebildeten Hormone:
- *Gonadotropin-Releasing-Hormon*
- *Oxytozin*
- *Vasopressin*

Produktionsstätte Hypothalamus

Der untere Bereich des Zwischenhirns ist Bildungs- und Sekretionsort zahlreicher übergeordneter Hormone.

- Das Gonadotropin-Releasing-Hormon (GnRH) leistet in der Hirnanhangsdrüse in Bezug auf die dort gebildeten Eireifungs- und Eisprunghormone (LH und FSH) seine freisetzende Wirkung.
- Das Milchflusshormon Oxytozin regt in der Gebärmutter Wehen und in den Milchdrüsen den Milchfluss an und vermindert zudem im Kreislauf den Blutdruck.
- Vasopressin reguliert in der Hirnanhangsdrüse, den Nieren, den Blutgefäßen, der Gebärmutter, im Darm, im Blut und im Zentralnervensystem den Wasserhaushalt, fördert die Darmtätigkeit, die Gebärmutterkontraktionen und die Blutgerinnung, erhöht die Harnkonzentration und stimuliert die Produktion von adrenokortikotropen Hormonen (ACTH).

Produktionsstätte Hirnanhangsdrüse (Hypophyse)

Wichtiges Organ an der Unterseite des Gehirns zur inneren Sekretion. Im Vorderlappen zählte man bisher sieben Hormone.

- Adrenokortikotropes Hormon (ACTH) regt in den Nebennierenrinden die Produktion von Hormonen (Adlosteron, Kortison und Östrogene) an.
- Eireifungshormon FSH fördert in den Eierstöcken die Reifung der Eibläschen und die Östrogenproduktion.
- Eisprunghormon LH stimuliert in den Eierstöcken den Eisprung, die Gelbkörperbildung und die Progesteronproduktion. Regt in den Hoden die Keimdrüsen zum Wachstum und zur Testosteronausschüttung an.
- Pigmenthormon MSH (melanozyten-stimulierendes Hormon) ist in der Haut für die Pigmentbildung verantwortlich und fördert im Gehirn das Lernverhalten.
- Prolaktin regt in den weiblichen Milchdrüsen die Milchbildung an, schützt die Scheidenschleimhaut, hemmt die Östrogenproduktion und fördert die Herstellung von ACTH. Beim Mann verstärkt es über die Prostata und die Samenblasen die Wirkung des Testosterons und regelt bei beiden Geschlechtern den Kalium-, Stickstoff- und Phosphorhaushalt.

Im Vorderlappen der Hirnanhangsdrüse hat man bisher sieben verschiedene Hormone festgestellt.

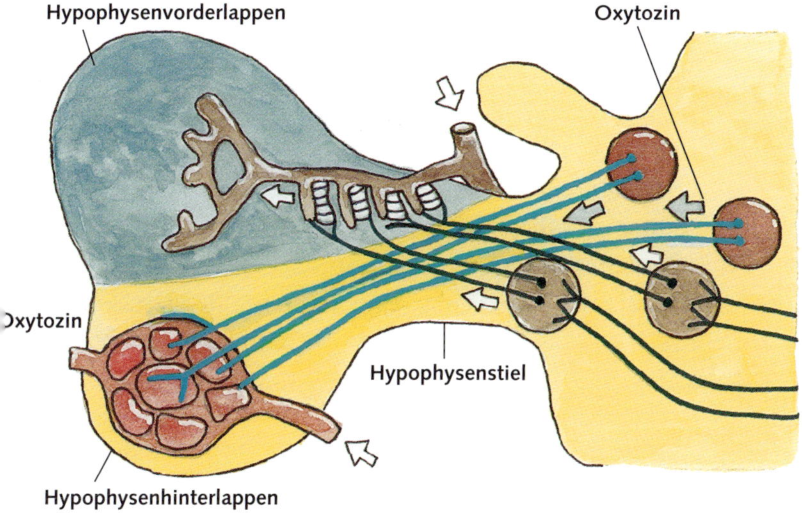

Sieben für die Drüsen und Organe des Körpers wichtige Hormone werden im Hypophysenvorderlappen gebildet. Im Hinterlappen werden die vom Hypothalamus produzierten Hormone Vasopressin und Oxytozin gespeichert.

- Wachstumshormon Somatostatin regt in allen Körpergeweben das Wachstum von Knochen und Geweben sowie den Eiweiß-, Kohlenhydrat- und Fettstoffwechsel an.
- Thyreotropin verstärkt die Durchblutung der Schilddrüse und unterstützt die Ausschüttung von Schilddrüsenhormonen.

Dass pflanzliche Substanzen auf die Hirnanhangsdrüse anregend wirken, gilt heute als gesichert. Zahlreiche Krankheitsbilder gehen mit einer ungenügenden Tätigkeit der Hypophyse einher: Hormonelle Regelkreise sind dann gestört und können durch direkte Hormongabe nicht wieder harmonisiert werden. Hier bieten sich homöopathische Arzneimittel wie „Phyto-Hypophyson®L" (Steierl-Pharma, rezeptfrei in der Apotheke) an. Sie verbessern nebenwirkungsfrei z.B. Zyklusstörungen der Frau. Positive Auswirkungen auf das Lymph- und Venensystem sowie die sexuelle Erlebnisfähigkeit sind vielfach beobachtet worden.

Herstellungsort im Bereich der Nieren

In den Nieren selbst, aber auch in der Nebennierenrinde und im Nebennierenmark werden lebenswichtige Hormone produziert, so etwa das »Stresshormon« Adrenalin oder das auch entzündungshemmende Kortison.

Den oberen Polen der Nieren sitzen zwei kleinfingergroße Organe wie Hauben auf. Sie produzieren lebenswichtige Hormone.

- Im Nebennierenmark das Adrenalin, das in nahezu allen Körpergeweben seine Wirkung entfaltet (Erhöhung des Pulses und des Blutdrucks, Erweiterung der Pupillen und der Bronchien, Hemmung der Darmbewegungen, Auslösung von Angst).
- In der Nebennierenrinde das Adlosteron, das in den Nieren den Natrium- und Kaliumhaushalt des Körpers regelt.
- Ebenfalls in der Nebennierenrinde das besonders wichtige Kortison, das in nahezu allen Körpergeweben Aufgaben beim Fett-, Kohlenhydrat- und Eiweißstoffwechsel wahrnimmt.
- In den Nieren das Erythropoetin, das im Knochenmark ein wichtiger Faktor für die Bildung der roten Blutkörperchen ist.
- In den Nebennierenrinden die Östrogene (die etwa 20 verschiedenen Weiblichkeitshormone), die besonders in den weiblichen Geschlechtsorganen, in der Hirnanhangsdrüse, im Hypothalamus, in Haut, Blase und Harnröhre vielfältigsten Wirkungen hervorrufen. Sie fördern und unterstützen insbe-

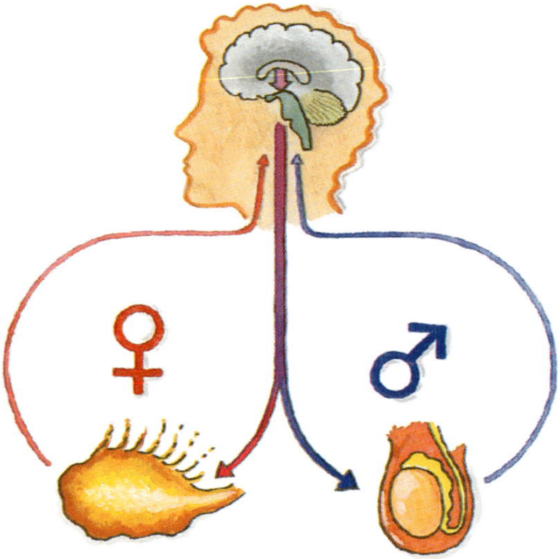

Weibliche Produktionsstätten für Östrogene, Progesteron, Prostaglandine und Testosteron liegen, abgesehen von der Nebennierenrinde, in der Plazenta, den Eierstöcken und der Gebärmutter. Auch die männlichen Geschlechtsorgane produzieren Hormone: die Hoden Testosteron und Östrogene, die Samenbläschen an der Unterseite der männlichen Harnblase Prostaglandine.

sondere die Geschlechtsreife und das weibliche Fortpflanzungssystem und halten zudem den Blasenbereich gesund. Sie hemmen den Knochenabbau und halten Wasser im Körper zurück. Beim Mann kommen sie in weit geringerem Maße vor, fördern aber den Eiweißstoffwechsel und das Wachstum.

Entstehung in den weiblichen Geschlechtsorganen

Alle Geschlechtshormone sind so genannte Steroide und können auch synthetisch hergestellt werden. Abgesehen von der beidgeschlechtlichen Nebennierenrinde liegen typisch weibliche Produktionsstätten in Plazenta, Eierstöcken und Gebärmutter.

- Die Plazenta erzeugt das Schwangerschaftshormon HCG (humanes Chorion-Gonadotropin), das in der Plazenta selbst die Östrogen- und Progesteronbildung fördert.
- Eierstöcke und Plazenta bilden Östrogene mit ihren vielfältigen Wirkungen.
- Eierstöcke, Plazenta und Gelbkörper produzieren das Progesteron (das wichtigste natürliche Gestagen), das an der Regulation nahezu aller weiblichen Reproduktionsfunktionen betei-

Vielfältige Wirkungsweisen besitzen die in Eierstock und Plazenta gebildeten Östrogene.

ligt ist. Es bereitet beispielsweise die Gebärmutterschleimhaut auf die Eieinnistung vor, unterstützt den Eitransport, macht Spermien in der Scheide befruchtungsfähig, schützt vor vorzeitigen Wehen und erhöht entsprechend dem Monatszyklus die Körpertemperatur.

- Die Gebärmutter entwickelt Prostaglandine (sie gelten als hormonähnliche Substanzen), die u. a. Gebärmutterkrämpfe anregen und so für die Geburtseinleitung sorgen.
- Gebärmutter und Plazenta bilden das Relaxin, das vor der Geburt das Schamfugenbindegewebe und den Muttermund lockert und so die Geburt erleichtert.
- Die Eierstöcke sondern auch Testosteron ab, das bei der Frau in den sekundären Geschlechtsorganen nachzuweisen ist, wobei noch nicht genau erforscht ist, welche Funktionen Testosteron im weiblichen Körper hat.

Entstehung in den männlichen Geschlechtsorganen

Ein Androgenüberschuss bei Frauen kann das Krankheitsbild des so genannten Virilismus hervorrufen. Dabei ist u. a. die Stimmlage tiefer und die Körperbehaarung nimmt zu.

Obwohl unser Thema »Hormone für Frauen« lautet, spielen doch auch männliche Hormone für die Ausprägung der Weiblichkeit eine Rolle. Naturgemäß fördern Androgene allerdings hauptsächlich die Herausbildung charakteristischer männlicher Geschlechtsmerkmale.

- Die Hoden geben das Testosteron ins Blut ab. Das stärkste natürliche Männlichkeitshormon (Androgen) bewirkt u. a. in den Geschlechtsorganen die Geschlechtsreife, im Skelett und im Blut das Knochen- sowie Muskelwachstum. Es regt die Blutbildung an und löst die typische männliche Behaarung aus.
- Die Hoden produzieren auch Östrogene, die in allen Fortpflanzungsorganen des Mannes nachzuweisen sind, deren normale Funktionen im männlichen Körper aber noch nicht erforscht wurden.
- Die Samenbläschen an der Unterseite der männlichen Harnblase besitzen in ihrem Sekret Prostaglandine, die die Bewegungsfähigkeit der Spermien fördern.

In anderen Organen gebildete Hormone

- In der Schilddrüse Trijodthyronin und Thyroxin, die in allen Körpergeweben das Wachstum, die körperliche und geistige Entwicklung regulieren.
- Ebenfalls in der Schilddrüse das Kalzitonin, das den Kalziumhaushalt in der Waage hält und damit den Einbau von Kalzium in die Knochen fördert und den Knochenabbau hemmt.
- In der Nebenschilddrüse das Parathormon, das in Skelett, Nieren und Darm erniedrigte Kalziumspiegel steigert, erhöhte senkt und damit den Knochenaufbau fördert, in den Nieren die Phosphataufnahme hemmt.
- In der Bauchspeicheldrüse das Glukagon, das u. a. in der Bauchspeicheldrüse selbst und in der Leber den Blutzuckerspiegel erhöht, gleichzeitig aber auch die Sekretion von Insulin und anderen Hormonen fördert.
- In der Bauchspeicheldrüse das Insulin, das besonders im Leber-, Muskel- und Fettgewebe über Glykogen- und Eiweißsynthese sowie andere chemische Prozesse den Blutzuckergehalt steuert.
- Im Magen-Darm-Trakt das Gastrin, das im Magen die Salzsäuresekretion (Magensäure und Verdauungsenzyme) regelt.

Glukagon erhöht den Blutzuckerspiegel und fördert die Sekretion von Insulin.

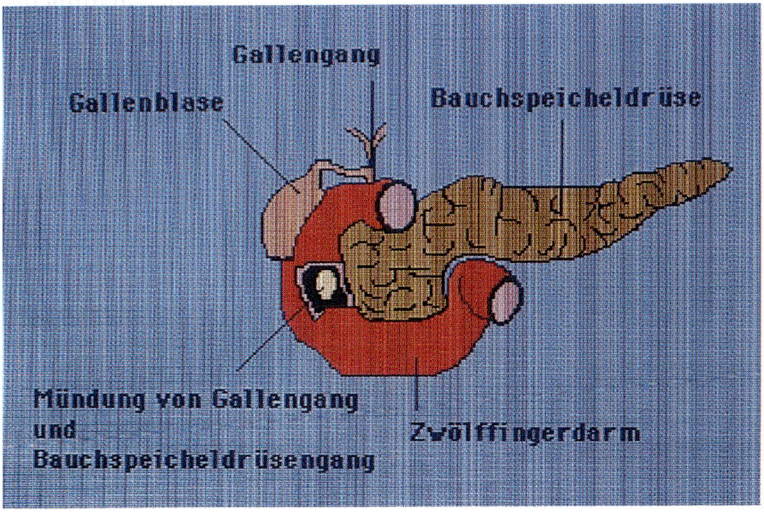

Viele Organe produzieren wichtige Hormone: Insulin und Glukagon aus der Bauchspeicheldrüse regulieren den Blutzucker, das Sekretin aus der Darmschleimhaut fördert die Herstellung des Verdauungsenzyms Pepsin und regt die Gallensaftproduktion an.

Sekretin unterstützt die Funktion der Bauchspeicheldrüse und regt die Gallensaftherstellung an.

- In der Darmschleimhaut das Sekretin, das die Funktion der Bauchspeicheldrüse unterstützt, die Produktion von Pepsin (ein Verdauungsenzym des Magens) im Magen fördert, die Gallensaftherstellung in der Leber anregt und Darmbewegungen hemmt.
- In der Thymusdrüse das Thymosin, das das Immunsystem unterstützt, indem es die Bildung der weißen Blutkörperchen fördert.
- In der Epiphyse (Zirbeldrüse an der Hirnbasis) das Melatonin, das mit großer Wahrscheinlichkeit in Abhängigkeit vom Hell-Dunkel-Rhythmus produziert wird. Anscheinend regt es das körpereigene Immunsystem an, macht Jagd auf freie Radikale und ist verantwortlich für die jahreszeitlich bedingt schwankende Libido und Fruchtbarkeit.
- In allen Körperzellen das Histamin, das Muskelkontraktionen, Schwellungen und Juckreiz verursacht, den Blutdruck senkt, die Bronchien verengt und Drüsenfunktionen anregt.

Hormonelle Wirkungen sind komplex

Hormone ermöglichen der Frau einen natürlichen Umgang mit ihrer Sexualität.

Die Hormonforschung (Endokrinologie) ist neben der Gen- und Krebsforschung eines der wichtigsten medizinischen Forschungsgebiete. Schon im Jahre 1902 konnte das erste Hormon isoliert werden, und seither wird immer wieder bisher Unbekanntes und Überraschendes auf dem Gebiet des menschlichen Hormonhaushalts gefunden. So können nicht nur immer neue Hormone isoliert werden, sondern es werden auch immer neue Hormonherstellungsorte entdeckt.

Die Psyche spielt immer mit

Viele Zusammenhänge des Hormonhaushalts sind bisher noch im Dunkeln geblieben. Es ist aber von großer Bedeutung für die Medizin, dass sie auf möglichst viele Erkenntnisse über das Wirken der Hormone zurückgreifen kann. Denn es gibt eine ganze Reihe von Gesundheits- und Befindlichkeitsstörungen, die auf Unregelmäßigkeiten im Hormonhaushalt zurückzuführen sind. Erschwert wird die Hormonforschung auch dadurch, dass sich zum einen alles im mikrobiologischen Bereich abspielt und zum anderen die Psyche in hohem Maße auf den Hormonhaushalt einwirkt und dass hormonelle Vorgänge wiederum psychische Befindlichkeiten beeinflussen.

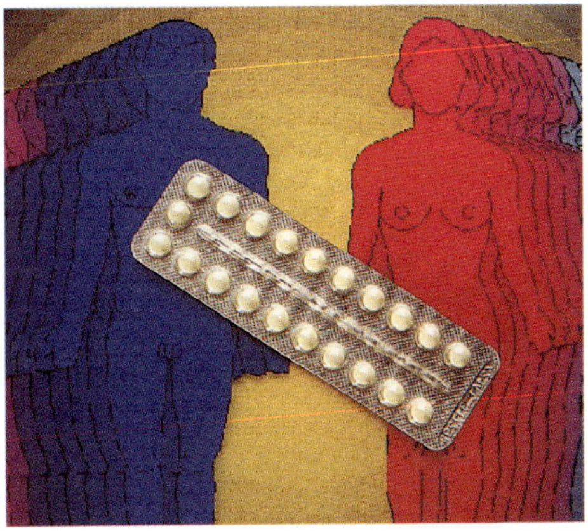

Die Antibabypille täuscht den Hypothalamus und die Hypophyse, denn ihr genau dosierter Gehalt an Östrogenen und Gestagen signalisiert eine vermeintliche Schwangerschaft und verhindert dadurch die Ausschüttung von Hormonen für die Follikelreifung.

Das Hormonsystem kann getäuscht werden

Ein Beispiel dafür, dass die Gabe von Hormonen in einer genau dosierten Menge einen bestimmten gewünschten Vorgang im Organismus auslösen kann, ist die Verabreichung von Hormonen in Form der Antibabypille, die Östrogene und Gestagene enthält. Diese täuschen den Hypothalamus und die Hypophyse, weil eine genau berechnete, durch die Pille verursachte erhöhte Hormonmenge ihnen signalisiert, eine Schwangerschaft sei eingetreten, bevor dies tatsächlich der Fall ist und mit einer Hormonabsenkung im Blut vermittelt werden könnte. Dies hält den Hypothalamus davon ab, den Auftrag an die Hypophyse für die Ausschüttung von Schwangerschaftshormonen für die Follikelreifung abzusenden. Wird die Einnahme der Pille vergessen, kommt es zu einer (künstlich herbeigeführten) Hormonabsenkung im Blut, und die Eierstockhormone werden (in diesem Fall unerwünscht) sofort ausgeschüttet.

Es ist also grundsätzlich nicht nur möglich, Hormone von außen zu ersetzen, sondern man kann auch Vorgänge simulieren oder beeinflussen, um ganz bestimmte Reaktionen im Organismus herbeizuführen. Denn der Hypothalamus und die Hypophyse können zwischen körpereigenen und verabreichten Hormonen nicht unterscheiden.

Hypophyse und Hypothalamus können nicht zwischen körpereigenen und verabreichten Hormonen unterscheiden.

Lebensfreude oder Kummer – auch das seelische Befinden einer Frau unterliegt dem Einfluss von Hormonen.

Die wichtigsten Sexualhormone

Sexualhormone sind – zumindest unter dem lebenserhaltenden Aspekt betrachtet – nicht die wichtigsten Hormone im menschlichen Körper. Trotzdem wollen wir sie an dieser Stelle besonders hervorheben, weil sie es ja sind, die den Unterschied zwischen Frau und Mann bewirken. Denn die weiblichen Hormone sind vom Embryo bis ins Alter für alles verantwortlich, was einer Frau Lust und Lebensfreude, in bestimmten Situationen aber auch Sorgen bereiten und Beeinträchtigungen verschaffen kann.

Gemischt, aber doch getrennt

Sowohl Männer als auch Frauen besitzen alle Arten von Geschlechtshormonen.

Bemerkenswert ist, dass alle Arten von Geschlechtshormonen sowohl im Organismus der Frau als auch in dem des Mannes vorkommen. Aber: Auf die Dosierung kommt es an! Ein Zuviel an Androgenen im Organismus einer Frau führt zur Vermännlichung. Beim leichten Virilismus ist der Behaarungstyp dem männlichen Schema angenähert, die Stimme tiefer, und im seltenen Extremfall sind sogar die Geschlechtsorgane fehlerhaft ausgeprägt. Umgekehrt kommt es bei Feminisierung eines Mannes unter anderem zu Brustdrüsenwachstum und insgesamt gerundeteren weiblichen Körperformen.

Die Androgene – was männlich macht

Für den Mann sind die Androgene entscheidend für die Entwicklung seiner geschlechtsspezifischen Eigenarten. Sie steuern alles, was ihn von der Frau körperlich – aber auch zum Teil psychisch – unterscheidet.

Östrogene – das Weibliche an sich

Vorgänge der Fortpflanzung (der so genannten Reproduktion) im weiblichen Körper werden durch Östrogene und Gestagene gesteuert, wobei im Allgemeinen zuerst die Östrogene wirksam werden.

Östrogene und Gestagene steuern die Fortpflanzungsvorgänge im weiblichen Körper.

Die Gestagene – Helfer der Östrogene

Die Gestagene können ihre Wirkung nur in der Zusammenarbeit mit den Östrogenen entfalten. Dabei spielt das Östrogen-Gestagen-Verhältnis im Organismus eine entscheidende Rolle. Den Gestagenen fällt meistens die Rolle zu, die Wirkung der Östrogene zu begrenzen oder zu beenden.

Wirkung der Androgene

Wirkungsweise/Organ	Einfluss/Ergebnis
Stoffwechsel	Aufbauende Wirkung durch vermehrte Nukleinsäuren- und Eiweißverbindung; in den Zielorganen: Anregung bestimmter Stoffwechselleistungen
Primäre männliche Geschlechtsteile	Beeinflussen die Ausbildung von Penis, Samenleiter, Samenblase und Prostata; Förderung bestimmter Stadien der Spermaerzeugung in den Hoden
Haut und Haare	Ausbildung des männlichen (virilen) Behaarungstyps; begünstigen eitrige Mitesser (Akne vulgaris), eine Entzündung von Haarbälgen im Gesicht, an Brust und Rücken
Skelett	In niedriger Dosis fördern sie das Wachstum des Knorpels am Endstück eines langen Röhrenknochens (Epiphysenfuge), begünstigen das Längenwachstum. In höherer Dosis schließen sie die Epiphysenfuge und führen zur vermehrten Einlagerung von Knochenkalk
Zentralnervensystem	Rückkopplung auf die Ausschüttung von Gonadotropin (auf die Keimdrüsen wirkendes Hormon) durch die Hypophyse
Enzyme	Herausbildung geschlechtseigener Enzymmuster in den verschiedenen Organen; Einfluss auf die unterschiedliche Ausprägung des Sexualzentrums in der Embryonalperiode und nach der Geburt

Wirkung der Östrogene

Wirkungsweise/Organ	Einfluss/Ergebnis
Zentralnervensystem	Wirkung auf Hypothalamus und Hypophyse; steigern die Absonderung des luteinisierenden Hormons (LH), das den weiblichen Zyklus steuert, und des Eireifungshormons (FSH); hemmen die Sekretion von Gonadotropin-Releasing-Hormonen
Vagina	Vermehrung der Oberflächenzellen, Glykogeneinlagerung (aus Glukose aufgebautes, speicherungsfähiges, energiereiches Kohlenhydrat), Zunahme des Karyopyknose-Indexes (Zahlenverhältnis zwischen Zellen mit pyknotischem Kern, einem Stadium vor dem Zerfall des Kerns, und Zellen mit bläschenförmigem Kern)
Gebärmutterhals	Weitstellung von Muttermund und Zervikalkanal (Gebärmutterhalskanal); Schleim wird vermehrt, klar, spinnbar, Farnkrautphänomen (Bildung von farnkrautähnlichen Kristallen im getrockneten Gebärmutterhalsschleim, besonders deutlich kurz vor dem Eisprung)
Gebärmutterschleimhaut	Wachstum
Muskelschicht der Gebärmutterwand (Myometrium)	Erhöhung der Zusammenziehbarkeit und erhöhte Ansprechbarkeit auf Oxytozin
Eileiter (Tuben)	Erhöhung der Motilität (unwillkürliche Muskeltätigkeit) und Sekretion
Eierstöcke (Ovarien)	Sensibilisierung auf Gonadotropine
Brustdrüsen	Förderung des Wachstums
Stoffwechsel	Steigern die Durchblutung und Durchlässigkeit der Zellmembranen, fördern die Natrium- und Wasserrückhaltung, verstärken das Wachstum, regen die Bildung von Eiweißen an, senken die Körpertemperatur; Kohlenhydrate: geringe Wirkung (abhängig von der gleichzeitigen Gabe von Gestagenen); Fette: Anstieg von Triglyzeriden, Cholesterin und Fettmolekülen mit wasserlöslichem Eiweiß (Lipoproteinen); Blutgerinnung: Anstieg von Gerinnungsfaktoren

Wirkung der Gestagene

Wirkungsweise/Organ	Einfluss/Ergebnis
Zentralnervensystem	Dosisabhängige Wirkung auf Hypothalamus und Hypophyse; steigern die Absonderung des luteinisierenden Hormons (LH) und hemmen die Sekretion von Gonadotropin-Releasing-Hormonen
Vagina	Massenabschilferung von Oberflächen- und Intermediärzellen (zwischenliegenden Zellen), Herabsetzung des Karyopyknose-Indexes (Zahlenverhältnis zwischen Zellen mit pyknotischem Kern, einem Stadium vor dem Zerfall des Kerns, und Zellen mit bläschenförmigem Kern)
Gebärmutterhals	Engerstellung von Muttermund und Gebärmutterhalskanal; Schleim: spärlich, zähflüssig
Gebärmutterschleimhaut	Umwandlung der durch Östrogene gewachsenen Gebärmutterschleimhaut in der Sekretionsphase; Glykogeneinlagerung (aus Glukose aufgebautes, speicherungsfähiges, energiereiches Kohlenhydrat)
Muskelschicht der Gebärmutterwand (Myometrium)	Ruhigstellung (so genannter Progesteronblock), Herabsetzung der Ansprechbarkeit auf Oxytozin
Eileiter (Tuben)	Herabsetzung von Motilität (unwillkürliche Muskeltätigkeit) und Sekretion
Eierstöcke (Ovarien)	Verminderung der Ansprechbarkeit auf Gonadotropine
Brustdrüsen	Stimulation des schwangerschaftsbedingten Wachstums (im Zusammenwirken von Östrogen und Prolaktin)
Stoffwechsel	Steigern den Energiestoffwechsel; vorübergehend vermehrte Natrium- und Wasserausscheidung; Differenzierung bestimmter Gewebe; Erhöhung der Körpertemperatur; Kohlenhydrate: Verschlechterung des Stoffwechsels; Fette: Abbau von Triglyzeriden, Cholesterin und Lipoproteinen
Blutgerinnung	Anstieg von Antithrombin

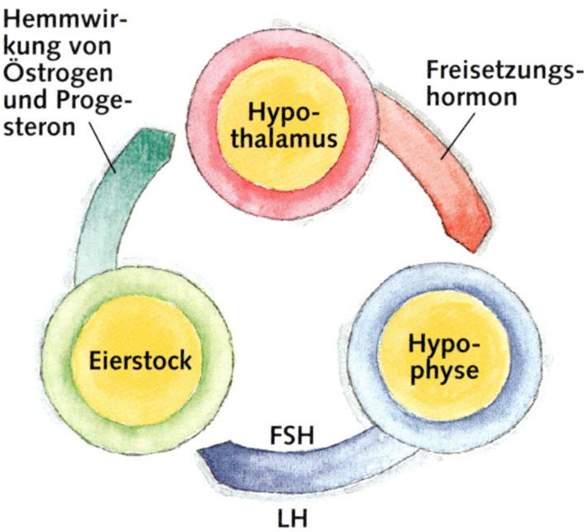

Der hormonelle Regelkreis gewährleistet einen gleichmäßigen Ablauf des weiblichen Zyklus.

Frauenhormone

Bestimmte Hormone unterscheiden die Frau und den Mann voneinander, zugleich sind diese »Frauenhormone« das für die Fortpflanzung notwendige, genau passende Gegenstück der männlichen Geschlechtshormone. Letztlich sind diese Hormone jedoch nicht allein für die Weiblichkeit zuständig, sondern andere Hormone wirken über die Psyche ebenfalls in besonderer Weise auf die Frau ein. Denn die psychischen Befindlichkeiten, also seelische Einflüsse wie Trauer, Angst, Wut oder Stress, aber auch Freude, Glück und Gelassenheit, wirken sich auf die Funktion der weiblichen Geschlechtshormone aus, so wie diese wiederum die Psyche in hohem Maße beeinflussen.

Die Hormone der Reife

Sowohl beim Mann wie auch bei der Frau leisten weibliche Östrogene und männliche Androgene ihre Dienste.

Weibliche Östrogene leisten in sehr kleinen Mengen auch im Hormonsystem des Mannes ihre Dienste, während umgekehrt die männlichen Androgene für bestimmte Funktionen im weiblichen Körper benötigt werden. Auch können die Geschlechtshormone nicht losgelöst vom gesamten Hormonhaushalt betrachtet werden, denn die kleinste Veränderung in diesem hoch komplexen System kann sich, ähnlich wie das Fallen von Dominosteinen, auf eine ganze Reihe anderer Hormone auswirken.

Wir konzentrieren uns hier hauptsächlich auf die weiblichen Geschlechtshormone: Östrogene (oder auch Follikelhormone, weil sie in den Bläschen des Eierstocks gebildet werden) sind ein typisches Beispiel für die Multifunktionalität von Hormonen. Sie erfüllen im Körper regulatorische, schützende und vorbeugende Aufgaben, regen Wachstums- und Reifungsprozesse an und wirken sogar als Kosmetikum.

Viele Frauenhormone erzeugen ein faszinierendes Ganzes

Östrogene regulieren nicht nur Monatszyklus und Schwangerschaft, sondern auch den Stoffwechsel und die Reifung der Knochen. Zudem schützen sie Herz, Kreislauf und Gefäße vor Erkrankungen und beugen Osteoporose, also dem Abbau von Knochensubstanz, vor. Außerdem sind sie mit verantwortlich dafür, dass die geistigen Fähigkeiten auch im Alter erhalten bleiben. Beim heranwachsenden Mädchen regen sie die Wachstums- und Reifungsprozesse in der Brust an, und solange sie produziert werden, haben sie auch eine sehr positive kosmetische Wirkung: Östrogene glätten die Haut.

Östrogenhaltige Präparate werden jungen Frauen häufig auch von Hautärzten verordnet, da die Östrogene eine sehr positive kosmetische Wirkung auf die Haut haben.

Schließlich geht man nach neuesten Forschungen davon aus, dass es einen Zusammenhang zwischen der gefürchteten Alzheimerkrankheit und dem Östrogenspiegel im Körper gibt. Einige der Wissenschaftler sind sogar davon überzeugt, dass bereits in naher Zukunft durch eine Behandlung mit bestimmten Östrogenen die Degeneration der Nervenzellen im Hirn gestoppt werden könnte. Auch vermuten die Forscher, dass die Fähigkeiten zum analytischen Denken, räumlichen Sehen oder zur Intuition, die bei Frauen und Männern oft verschieden stark ausgeprägt sind, von den Sexualhormonen beeinflusst werden.

■ Mehr als ein Dutzend Formen

Um es gleich vorweg zu sagen: Das eine Östrogen gibt es nicht. Es sind 20 verschiedene Östrogene bekannt, die an den hormonellen Prozessen im weiblichen Körper beteiligt sind, wobei sicher ist, dass es viele gibt, die noch nicht entdeckt werden konnten.

Das erste Östrogen wurde 1915 entdeckt und konnte bereits 15 Jahre später synthetisch hergestellt werden. Heute sind drei Hauptformen dieser Steroidhormone bekannt: Östron, Östradiol und Östriol. Zudem konnten noch 17 Nebenformen festgestellt werden.

Die Östrogene werden hauptsächlich in den Eierstöcken und bei schwangeren Frauen in der Plazenta (Mutterkuchen) produziert. In kleineren Mengen werden Östrogene zudem in den Nebennieren und im Fettgewebe gebildet, wobei offensichtlich dort vorhandene Androgene in Östrogene umgewandelt werden. Dies ist auch der Grund dafür, dass bei Frauen nach der Menopause noch wohltuende Östrogene in deren Hormonhaushalt zirkulieren.

Östradiol – das aktivste natürliche Östrogen

Das wichtigste Hormon im Körper der Frau ist das Östradiol aus der Gruppe der Östrogene, in seiner synthetischen Form zuweilen auch Estradiol genannt. Es wird in den Granulosa- und Thekazellen im Eierstock gebildet und geht leicht in Östron über (und umgekehrt). Gemeinsam mit Progesteron hat es eine zentrale Funktion im Menstruationszyklus.

Sinkt der Östradiolspiegel unter die Grenzwerte ab, bekommt die Frau nicht nur Menstruationsprobleme, sondern sie fühlt sich auf eine verbal kaum zu definierende Art und Weise regelrecht unwohl. Starkes Absinken unter die Normwerte birgt noch weitere Gefahren. Die Entstehung von Osteoporose wird gefördert, ebenso ein Anstieg des Cholesterinspiegels.

Die Angst davor, den täglichen Anforderungen nicht mehr gewachsen zu sein, erfüllt mehr und mehr die Gedanken der Betroffenen. Dieses Gefühl von Müdigkeit und Lustlosigkeit kann sogar in Depressionen übergehen. Oft geht ein Mangel an Östradiol auch mit Gelenkschmerzen und einer trockenen Haut einher. Treten diese Beschwerden über einen längeren Zeitraum hinweg auf, ist es ratsam, einen Arzt aufzusuchen und den Östradiolspiegel bestimmen zu lassen.

Unter dem Begriff »Östrogen« werden 20 verschiedene Hormonarten zusammengefasst. Die drei wichtigsten sind:

- *Östron*
- *Östradiol*
- *Östriol*

Die Untersuchung muss allerdings über den Zeitraum eines ganzen Zyklus hinweg vorgenommen werden, weil das Östradiol den Zyklus mitsteuert und deshalb natürlichen Konzentrationsschwankungen ausgesetzt ist, die bei der Messung berücksichtigt werden müssen. Bei abnormal niedrigen Östradiolwerten kann die Diagnose eines Östrogenmangels durch die Bestimmung der Gonadotropine FSH und LH bestätigt werden.

Östradiolwerte
(in Pikogramm pro Milliliter = Billionstel Gramm pro 1000 Liter)

Normalwerte	
Vor dem Eisprung	50–150 pg/ml
Beim Eisprung	150–300 pg/ml
Nach dem Eisprung	50–100 pg/ml

Östradiolwert unter 30 pg/ml

Eierstock ist erschöpft

Risiken: Osteoporose; Cholesterinanstieg u. a.

Östradiolwert über 300 pg/ml

Organismus bildet oder erhält zu viel Östradiol

Risiken: Wassereinlagerung, zu starkes Wachstum der Gebärmutterschleimhaut

Eisprunghormon (LH) und Eizellenwachstumshormon (FSH)

Die in der Hypophyse gebildeten follikelstimulierenden Hormone FSH (die übrigens auch beim Mann Wirkung zeigen, indem sie die Samenbildung positiv beeinflussen) und die luteinisierenden Hormone LH sind wichtige Informationsübermittler zwischen ihrem Ursprungsort und den Eierstöcken. Sie werden dabei von den freisetzenden Gonadotropin-Releasing-Hormonen (GnRH) unterstützt.

Ohne diese Kuriere würden keine Östrogene gebildet werden, und der Menstruationszyklus käme erst gar nicht in Gang. Denn das FSH bewirkt noch während der Menstruation, dass in einem der beiden Eierstöcke eine Eizelle zu reifen beginnt, deren Hülle aus Follikelzellen besteht. Von diesen Zellen wird Östrogen produziert, das den (Wieder-)Aufbau der Gebärmutterschleimhaut anregt. Durch den Anstieg der Östrogenkonzentration im Blut wird die Hypophyse durch den Hypothalamus veranlasst, LH zu produzieren und auszuschütten, wodurch dann der Eisprung ausgelöst wird.

Ohne das Dreigespann aus den follikelstimulierenden Hormonen FSH, den luteinisierenden Hormonen LH und den freisetzenden Hormonen GnRH käme der Menstruationszyklus nicht in Gang.

Das Mutterkuchenhormon (HCG)

Das Humane Chorion-Gonadotropin (HCG) wird anfangs von der befruchteten Eizelle auf ihrer Wanderung vom Eileiter in die Gebärmutter produziert. Danach übernimmt die sich entwickelnde Plazenta den Weitertransport. Die Funktion des HCG ist noch nicht vollständig erforscht. Es weist aber alles darauf hin, dass es für das Wachstum des Gelbkörpers verantwortlich und daher für die Erhaltung der Schwangerschaft in den ersten Wochen von Bedeutung ist.

■ HCG – das Ei ist befruchtet

Der Nachweis des Mutterkuchenhormons HCG im Blutserum oder im Urin ist ein sicheres Indiz für eine Schwangerschaft.

Das Vorhandensein des Plazentahormons im Blut und bei der Ausscheidung im Urin ist ein sicheres Indiz für eine Schwangerschaft. Das HCG kann im Blutserum bereits ab dem achten bis zehnten Tag nach der Befruchtung, also noch vor dem Ausbleiben der Menstruation, nachgewiesen werden. Da es über die Nieren ausgeschieden wird, kann auch eine Urinuntersuchung darüber Aufschluss geben, ob eine Schwangerschaft eingetreten ist.

Als die einfachste, aber trotzdem hochempfindliche Methode (HCG-Nachweis ab 20 Milliliter Urin) des Schwangerschafts-Frühtests hat sich die Methode durchgesetzt, bei der etwas Urin mit einer Pipette aufgenommen und auf ein kleines markiertes Feld auf einem Teststreifen aufgebracht wird. Liegt eine Schwangerschaft vor, werden farbig gekennzeichnete Reaktionen auf dem Testfeld nach wenigen Minuten sichtbar. Es kommt nur äußerst selten vor, dass sich ein Testergebnis im Nachhinein als falsch erweist. Trotzdem sollte ein Frauenarzt aufgesucht werden, wenn der Test positiv verlaufen ist, um das Ergebnis durch einen Bluttest auf HCG zu bestätigen.

Das Gelbkörperhormon Progesteron – das wichtigste Gestagen

Das Steroidhormon Progesteron ist das wichtigste Gestagen, das im Follikel, dem Rest der nach dem Eisprung zurückgebliebenen Eihülle, gebildet wird. Das Follikel wird auch Gelbkörper genannt, weil es sich wegen der Einlagerung von leicht gelblichem Fett gelb verfärbt. Wenn eine Schwangerschaft eingetreten ist, wird Progesteron auch in der Plazenta gebildet. Auf Veranlassung des Hormons LH bereitet es den Körper sofort nach dem Eisprung auf eine Schwangerschaft vor, was überraschenderweise nur wenige Tage in Anspruch nimmt. Vor allem fördert es die Einnistung der befruchteten Eizelle, indem es die Gebärmutterschleimhaut so umbildet, dass der Embryo (erst ab dem dritten Monat nach der Befruchtung wird er Fötus genannt) darin ausreichend ernährt werden kann.

Progesteron ist das wichtigste Gestagen. Es wird während einer Schwangerschaft auch in der Plazenta gebildet.

Empfängnisverhütung mit dem Gelbkörperhormon

Das Progesteron löst unmittelbar nach dem Eisprung (meistens zwischen dem 13. und 16. Zyklustag) eine Erhöhung der Körpertemperatur um etwa 0,5 Grad Celsius aus. Dieses Phänomen nutzen viele Frauen zur natürlichen Empfängnisverhütung, denn diese Temperaturerhöhung gibt bei regelmäßiger täglicher Messung Auskunft darüber, dass der Eisprung bereits erfolgt ist und die »sichere« unfruchtbare Zeit begonnen hat.

Bleibt die erhöhte Temperatur über den Zeitpunkt hinaus erhalten, in dem eigentlich die Menstruation hätte einsetzen müssen, ist dies fast immer ein untrügliches Zeichen dafür, dass es zu einer Befruchtung und damit zu einer Schwangerschaft gekommen ist.

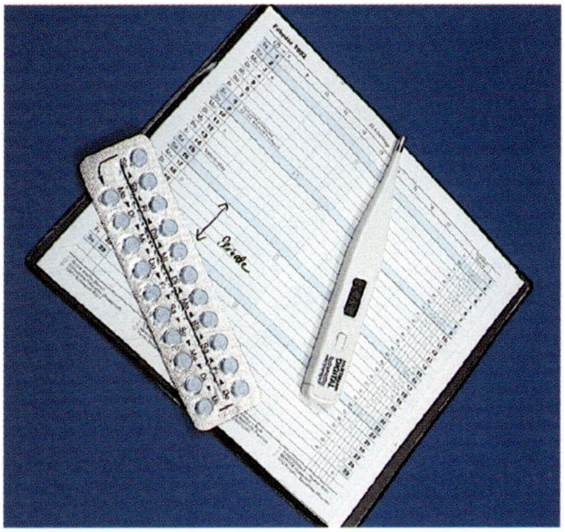

Möglichkeiten zur Empfängnisverhütung: Antibabypille, Temperaturmessung und Kalendermethode.

Progesteron stabilisiert die Schwangerschaft

Das Gelbkörperhormon ist auch dafür verantwortlich, dass die Gebärmutter ruhig gestellt und die Gebärmuttermuskulatur entspannt wird, damit die Gefahr eines Abgangs des Embryos möglichst klein bleibt. Außerdem hilft es im weiteren Verlauf der Schwangerschaft mit, diese aufrechtzuerhalten, denn das Gelbkörperhormon wird nun in großen Mengen von der Plazenta produziert. Weitere Eisprünge werden während der Schwangerschaft gestoppt, und die Brustentwicklung wird stimuliert.

Zudem regt es die Wasserausscheidung der schwangeren Frau an, eine für das Wohlbefinden der Schwangeren nicht unwesentliche Begleiterscheinung: Ein Mangel an Progesteron geht mit unangenehmen Spannungszuständen durch Wassereinlagerungen in Gewebe und Haut sowie mit einer überdurchschnittlichen Gewichtszunahme einher, weil dadurch das Gegengewicht zu den Östrogenen nicht in ausreichendem Maß vorhanden ist.

Das Milchbildungshormon

Im Hypophysenvorderlappen wird das Milchbildungshormon Prolaktin produziert.

Prolaktin ist ein auf die Brustdrüsen wirkendes oder milchbildendes Hormon, das im Hypophysenvorderlappen gebildet wird. Die Ausschüttung erfolgt ab der achten Schwangerschaftswoche in steigender Menge, um am Geburtstermin eine Plasmakonzentration von etwa 200 Mikrogramm je Liter zu erreichen. Gleichzeitig wird im Hypothalamus die Produktion des prolaktin-hemmenden Hormons PIF (prolaktin-inhibierender Faktor) eingestellt.

Das Prolaktin kann somit ungestört auf die weibliche Brustdrüse und die Milchproduktion wirken, indem es die Brustdrüse

Prolaktin veranlasst die Brustdrüse zur Milchbildung. Der Saugreiz an den Brustwarzen unterstützt diesen Vorgang.

veranlasst, Milch zu bilden. Unterstützt wird dieser Effekt durch den Saugreiz an den Brustwarzen – ohne das stete Anlegen des Säuglings käme der Milchfluss innerhalb weniger Tage zum Erliegen. Damit ist das Prolaktin das wichtigste Hormon der Stillperiode, denn es sichert dem Baby die für ihn wichtige, weil bestens nährende und hochgradig gegen Krankheitserreger immunisierende Muttermilch.

Außerdem hemmt Prolaktin die Reifung der Eizelle und den Eisprung in der Stillperiode. Dadurch wird die Menstruation unterdrückt und ein empfängnisverhindernder Effekt erzielt. Es ist allerdings für die stillende Frau nicht ratsam, sich in dieser Hinsicht vertrauensvoll auf das Prolaktin zu verlassen. Die Konzentration dieses Hormons unterliegt im Laufe der Stillperiode kleinen Schwankungen, die es zu gewagt erscheinen lassen, ohne andere Verhütungsmittel (in dieser Zeit am besten Kondome) der Liebe zu frönen.

■ Oxytozin – der Wehenhelfer bei der Geburt

Das Gebärmutterkontraktions- und Milcheinschusshormon Oxytozin wird im Hypothalamus gebildet, in der Hypophyse gespeichert und bei Bedarf ins Blut ausgeschüttet. Es fördert auch die Wehen während der Geburt und bei einer stillenden Frau die Kontraktion der um die Drüsenzellen und Milchführungsgänge angeordneten glatten Muskelfasernzellen in der Brust zur Abgabe der Muttermilch.

Die Milch wird dadurch von den kleinen in die großen Drüsengänge bis in die Brustwarzen gedrückt. Die Entleerung der Milch aus den Brüsten unter dem Mitwirken von Oxytozin erfolgt reflexartig und kann manchmal mit einem kurzen Spannungsgefühl verbunden sein, das aufhört, sobald die Milch austritt. Die Milch tröpfelt dabei oft aus den Brustwarzen heraus, ohne dass daran gesaugt wird.

Die Mutter kann versuchen, den Milchverlust zu verhindern, indem sie leichten Druck mit der Handfläche, dem Finger oder dem Arm auf die Brustwarzen ausübt.

Zwei wichtige Helfer unterstützen die Geburt: Oxytozin fördert die Wehen und später auch die Abgabe der Muttermilch. Relaxin lockert die Muskulatur des Beckenbodens und erweitert den Geburtskanal, sodass das Kind gut durch ihn hindurch kommt.

Auch die Psyche spielt bei der Produktion und Abgabe von Oxytozin eine Rolle. Nicht nur der Saugreiz an den Brustwarzen, sondern schon allein das Schreien des Kindes oder der bloße Gedanke an das Stillen regt die Bildung dieses Hormons an.

Ein weiterer Geburtshelfer

Relaxin wird während der Schwangerschaft in der Gebärmutter und der Plazenta gebildet. Es hat die Aufgabe, die Muskulatur des gesamten Beckenbodens mit den Beckenbändern aufzulockern, um die Dehnungsfähigkeit für den Geburtsvorgang zu erhöhen. Außerdem wirkt es auf den Geburtskanal ein, der so »weich« gemacht werden soll, dass er sich ausreichend erweitern kann und das Kind bei der Geburt gut durch ihn hindurch kommt.

Dazu noch ein wenig männliche Hormone

Auch Frauen verfügen über männliche Hormone, wenn auch nur in sehr geringen Mengen. Zu diesen Androgenen zählen:
- *Testosteron*
- *Androstendion*
- *Dehydroepiandrosteron*
- *17-Hydroxyprogesteron*

In den Eierstöcken und in der Nebennierenrinde werden – in verhältnismäßig geringer Menge – auch männliche Hormone (Androgene) gebildet: Testosteron, Androstendion, Dehydroepiandrosteron, 17-Hydroxyprogesteron.

Man weiß noch kaum etwas über die Wirkungsweise dieser Androgene im weiblichen Hormonhaushalt, abgesehen von den unangenehmen Folgen für eine Frau, bei der sich zu viele Androgene im Hormonhaushalt befinden und sich deswegen männliche Attribute (beispielsweise eine tiefere Stimme, männliche Körperbehaarung) auszubilden beginnen.

Aber es ist zumindest bekannt, dass sie in der Leber und den Muskelgeweben der Frau zu Östrogenen umgewandelt werden. Deshalb stehen diese Hormone auch nach der Menopause dem weiblichen Körper (in geringem Maße) zur Verfügung.

Das Spiegelbild der hormonellen Wirkungsweise

Der Menstruationszyklus einer geschlechtsreifen Frau zeigt in beeindruckender Weise das Zusammenspiel zwischen den vielen Hormonen und anderen Faktoren, die im Organismus der Frau miteinander und füreinander arbeiten. In der Zeit vom ersten Tag

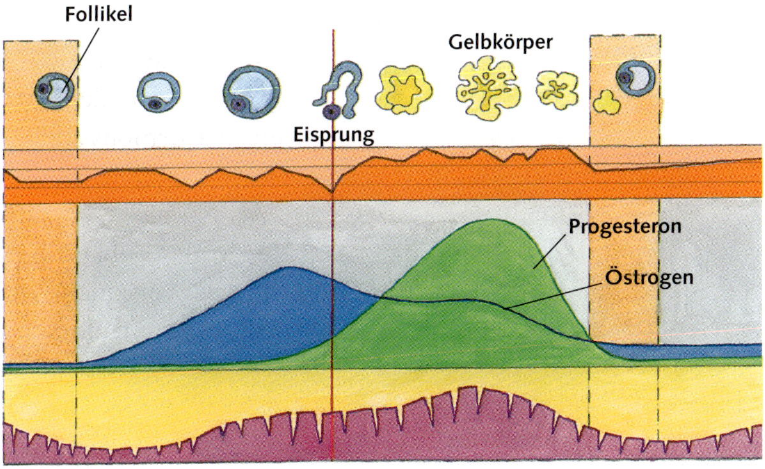

Während im Eierstock ein Follikel zum Eisprung heranreift, wird die Gebärmutterschleimhaut durch Einwirkung von Östrogen aufgebaut.

der Menstruation bis zum letzten Tag vor der nächsten Menstruation wird Monat für Monat ein Beweis erbracht, nämlich der, dass viele bekannte und unbekannte Funktionen im Idealfall ein höchst effektives System der Fortpflanzung entstehen lassen. Im Zusammenwirken von bewussten und unbewussten psychischen Vorgängen bewahrt sich ein sensibles Gefühlsleben – eben all das, was eine Frau selbstbewusst nach außen vermitteln kann und was ihre Umwelt an ihr liebenswert findet.

Jeden Monat neu – Kontrolle und Zusammenspiel

Während eines Monatszyklus spielen sich regelmäßige und jeden Monat wiederkehrende Abläufe mit komplexen Veränderungen im Hormonhaushalt, an den Eierstöcken, in der Vagina und an der Gebärmutterschleimhaut ab. Der Menstruationszyklus wird durch die ständig stattfindenden Kontrollen der Blutzusammensetzung (des Blutspiegels), durch Teile des Gehirns und durch das Zusammenspiel von den Hormonen gesteuert, die den Eisprung, den Aufbau der Gebärmutterschleimhaut für eine Schwangerschaft und die Abstoßung der Gebärmutterschleimhaut bei ausgebliebener Befruchtung mit der Menstruation veranlassen.

Der Menstruationszyklus wird u. a. vom Zusammenspiel der Hormone gesteuert.

Der Zyklus in drei Phasen

Die Dauer des weiblichen Menstruationszyklus variiert von Frau zu Frau – manchmal auch bei ein und derselben Frau – und von Monat zu Monat: Er liegt zwischen 28 und 35 Tagen.

Die genaue Dauer eines Zyklus ist bei jeder Frau, manchmal aber auch bei ein und derselben Frau von Monat zu Monat verschieden. Meistens dauern die Zyklen zwischen 23 und 35 Tage, wobei der Durchschnittszyklus 28 Tage lang ist. Der 28-Tage-Zyklus wird in der Medizin als »normal« bezeichnet. Jedoch können einige Faktoren die Länge des Zyklus verändern, ohne dass dies als »abnormal« oder die Frau gar als »krank« bezeichnet werden müsste.

Eine nicht selten auftretende Ursache eines kürzeren Zyklus ist ein rascherer Stoffwechsel, was zu einer verkürzten Zyklusdauer von bis zu 24 Tagen führen kann. Auch sind Unregelmäßigkeiten in der Dauer des Zyklus, die sich um den Durchschnittswert von 28 Tagen bewegen, als normal einzustufen – besonders dann, wenn Erkrankungen auftreten. Schon eine leichte Erkältung kann einen abweichenden Zyklus hervorrufen. Wir werden an anderer Stelle noch näher darauf eingehen, dass es bei jungen Mädchen sogar sehr selten vorkommt, dass sie einen regelmäßigen Zyklusverlauf vorweisen können.

Gezählt wird so, dass der erste Tag der Menstruation der erste Tag eines Zyklus, und der Tag vor dem Beginn der nächsten Menstruation der letzte ist. Demnach kann der Zyklus in drei Phasen unterteilt werden:

- Die Menstruationsphase vom 1. bis zum 4. Tag
- Die Follikelreifungs- oder Proliferationsphase vom 5. bis zum 12. Tag
- Die Gelbkörper-, Sekretions- oder Lutealphase vom 13. bis zum 28. Tag

Zu Beginn der Gelbkörperphase in der Mitte des Zyklus kommt es am 13. oder 14. Tag zum Eisprung. Weicht die Dauer des Zyklus vom Durchschnitt ab, so betrifft dieser Unterschied fast nie die Gelbkörperphase, sondern die Menstruations- oder die Follikelreifungsphase. Bei über 90 Prozent der Frauen erstreckt sich die Gelbkörperphase auf 13 bis 15 Tage. Dies eröffnet die Möglichkeit, auch bei unregelmäßigen Zyklen den Eisprung durch das

Zurückzählen von 14 Tagen von Beginn der folgenden Monatsblutung an recht genau bestimmen zu können. Eine sichere Methode der Empfängnisverhütung oder der gezielten Befruchtung lässt sich davon leider nicht ableiten, denn die Dauer der Follikelreifungsphase kann schwanken, und der Eisprung ist deshalb nicht vorhersehbar.

▪ Neubeginn während der Menstruation

Während der Menstruation wird die im vorhergehenden Zyklus aufgebaute Gebärmutterschleimhaut zusammen mit Blut und Schleim durch den Muttermund und die Vagina abgestoßen. Dieser Vorgang wurde durch den gegen Ende der Gelbkörperphase des vorangegangenen Zyklus abgesunkenen Blutspiegel von Östrogen und Progesteron ausgelöst. Zusätzlich wirken die niedrigen Hormonwerte im Blut auf den Hypothalamus und verursachen dort die Bildung und exakt alle 90 Minuten die Ausschüttung der Gonadotropin-Releasing-Hormone (GnRH), die wiederum die Hypophyse zur Produktion und Freisetzung der Hormone FSH und LH anregen.

Die hormonelle Regulation erfolgt nach einem ausgeklügelten System. Niedrige Östrogen- und Progesteronspiegel im Blut veranlassen den Hypothalamus, exakt alle 90 Minuten Gonadotropin-Releasing-Hormone auszuschütten, die die Freisetzung von FSH und LH bewirken. Diese wiederum stimulieren das Follikelwachstum bzw. die Östrogenbildung.

Nun begibt sich das FSH auf den Weg vom Gehirn zu den Eierstöcken und stimuliert dort das Wachstum von mehreren Follikeln (von denen jeder eine Eizelle umgibt). Einer von diesen Follikeln wird der so genannte Graaf-Follikel werden (benannt nach dem niederländischen Anatomen Reinier de Graaf, 1641–73), was bedeutet, dass nur dieser voll ausreift und beim Eisprung eine ausgereifte Eizelle freigibt. Inzwischen ist das LH ebenfalls eingetroffen und veranlasst die Bildung von Östrogen in den Zellen der Follikel im Eierstock.

▪ Nun spielen die Östrogene die entscheidende Rolle

Sobald die Ausschüttung von Östrogen aus den Follikelzellen am Ende der Menstruation beginnt, wird damit die Follikelreifungsphase eingeleitet, die mit dem Eisprung (der Ovulation) ihr Ende findet. In dieser Phase steigt der Östrogenspiegel im Blut ständig an, und der Graaf-Follikel entwickelt sich weiter. Außerdem wächst in dieser Phase unter dem Einfluss des Östrogens die Gebärmutterschleimhaut, d. h. sie baut sich wieder auf und wird dabei dicker – damit wird sie auf die Aufnahme einer befruchteten Eizelle vorbereitet.

Mit dem Anstieg des Östrogenspiegels im Blut kommt es zu einem Abfall des FSH-Spiegels, weil die höheren Östrogenmengen jetzt einen bremsenden Effekt auf den Hypothalamus ausüben. Der LH-Wert im Blut bleibt jedoch konstant. In der Mitte des Zyklus, also am Ende der Follikelreifungsphase, führt der hohe Östrogenspiegel dazu, dass die Hypophyse eine große Menge des Hormons LH ins Blut ausschüttet, das die vollständige Ausreifung des Graaf-Follikels vollbringt und dann den Eisprung auslöst. Der zurückgebliebene leere Follikel verwandelt sich in den so genannten Gelbkörper (Korpus luteum), der Östrogen, aber vor allem Progesteron produziert.

Das Hormon LH löst bei der Frau Follikelreifung und Ovulation aus und bewirkt die Entwicklung des Gelbkörpers.

Gelbkörperhormone – wichtig für die Schwangerschaft

In der Follikelreifungsphase spielten die Östrogene die entscheidende Rolle. In der folgenden Gelbkörperphase übernimmt nun das Gelbkörperhormon Progesteron, das wichtigste natürliche Gestagen, das Zepter, ohne dass das Östrogen aber völlig von der Bildfläche verschwindet.

Wie der Name schon vermuten lässt, wird das Progesteron in dem Gelbkörper gebildet (zusammen mit Östrogen), der als leeres Bläschen nach dem Eisprung übrig geblieben ist.

In dieser Phase baut sich die Gebärmutterschleimhaut weiter auf, um der bald eintreffenden Eizelle die besten Voraussetzungen für deren Einnistung, Ernährung und Erhaltung zu bieten. Wurde die Eizelle befruchtet und die Plazenta beginnt sich zu entwickeln, dann wird die Funktion des Gelbkörpers, der ja nur kurze Zeit überleben kann, durch das Mutterkuchenhormon (HCG) kontrolliert und schließlich vollständig übernommen. Wird die Eizelle nicht befruchtet, dann übernimmt das LH die Aufgabe des Gelbkörpers.

Schwanger oder nicht – die alles entscheidende Frage!

Die durch die Hormonproduktion des Gelbkörpers verursachten höheren Blutspiegel an Östrogen und Progesteron haben jetzt über den Hypothalamus und die Hypophyse einen hemmenden Effekt auf die Bildung von FSH und LH, was zur Folge hat, dass die Konzentrationen dieser beiden Hormone im Blut rasch abnehmen. Der Abfall des LH-Spiegels beendet die Existenz des Gelbkörpers, wodurch die Bildung der Östrogene und der Progesterone weder durch den Gelbkörper noch durch das LH mehr möglich ist. Der Wegfall der Progesteronbildung durch die Gelbkörper verursacht das Ende des Wachstums der Gebärmutterschleimhaut.

Wurde jedoch die Eizelle befruchtet, wird die Bildung der Progesterone von der sich entwickelnden Plazenta – in dieser Phase von einem Teil der Plazenta, des so genannten Chorions – übernommen. Das Chorion ist die äußerste Schicht der befruchteten Eizelle, und es übernimmt die Funktionen der Plazenta, bis diese voll ausgereift ist. Das Progesteron wird jetzt also in großer Menge von der Plazenta übernommen. Allein dieser Vorgang ist ein faszinierendes Beispiel der komplexen Zusammenarbeit und Funktionalität der weiblichen Hormone – es ist nicht verfehlt, in diesem Zusammenhang von einem »Wunder« der Schwangerschaft zu sprechen. Der Aufbau der Gebärmutterschleimhaut kann also ungestört seinen Fortgang nehmen, während die Hormone dabei sind, alle Weichen im weiblichen Körper auf Richtung Schwangerschaft zu stellen.

Bis zum vollständigen Ausreifen der Plazenta werden deren Aufgaben von der äußersten Schicht der befruchteten Eizelle, dem Chorion, wahrgenommen.

Im Falle der Nichtbefruchtung kann sich die Gebärmutterschleimhaut ohne die Einwirkung der Progesterone nicht halten, sodass sie sich von der Gebärmutterwand ablöst und sie schließlich – unterstützt durch Kontraktionsbewegungen der Muskeln – in mehr oder weniger großen Teilen zusammen mit Blut und Schleim abgestoßen wird. Es kommt zur erneuten Menstruation: Wir befinden uns am ersten Tag eines neuen Zyklus – und alles beginnt von vorne!

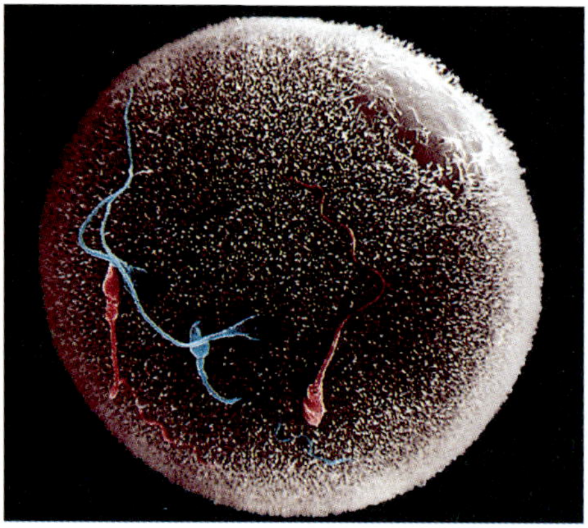

Durch die Vereinigung von Ei- und Samenzelle entsteht eine neue Kombination der Geschlechtschromosomen: XX für Mädchen, XY für Jungen.

Von der Keimzelle zur Pubertät

Weil der Begriff Geschlechtshormone meistens mit Sexualität in Verbindung gebracht wird, könnte man meinen, dass das Hormonsystem im Körper eines heranwachsenden Mädchens bis zum Beginn der Pubertät weitgehend inaktiv sei. In Wirklichkeit werden jedoch bereits im Embryo in den ersten Wochen die Grundlagen für das weibliche Hormonsystem gefestigt.

Ein Vorrat wird angelegt

Durch die Vereinigung von Ei- und Samenzelle werden die X- und Y-Geschlechtschromosomen neu kombiniert: XX für Mädchen, XY für Jungen. Doch nicht nur die entsprechende Kombination der Geschlechtschromosomen zu einem XX-Chromosom lässt spätestens bei der Geburt die äußerlich eindeutige Erkenntnis zu, dass es sich um ein Mädchen handelt. Auch in dessen Körper sind zu diesem Zeitpunkt schon entscheidende hormonelle Weichen in Richtung einer erwachsenen Frau gestellt.

46 Tage als Zwitter

Erst ab der sechsten Schwangerschaftswoche verläuft die Entwicklung zwischen Jungen und Mädchen anders.

Bis einschließlich der sechsten Schwangerschaftswoche verläuft die Entwicklung zwischen einem Mädchen und einem Jungen völlig parallel, sodass in der Biologie auch von einem zwittrigen Keimdrüsengeschlecht gesprochen wird. Dennoch ist die geschlechtliche Entwicklung bereits in dieser frühen Phase des Embryos für die weibliche Ausformung von entscheidender Bedeutung, auch wenn sie mit der männlichen erst einmal im Gleichschritt verläuft.

Am Anfang stehen die Keimzelle und die Urniere

Die Geschlechtsentwicklung in der Embryophase enthält durch die Vereinigung von Ei- und Samenzelle die chromosomal festgelegte Bildung von Geschlechtsdrüsen (durch die Kombination von XX- oder XY-Chromosomen). So hat auch schon die äußere Haut der Keimzelle in ihrer Weiterentwicklung zur Zottenhaut neben Nähr- und Atmungsfunktionen eine hormonelle, nach innen absondernde Funktion.

In der in den ersten Wochen gebildeten Urniere entsteht an einer Seite der Keimzelle eine so genannte Keimleiste, aus der die Keimstränge entwickelt und beim weiblichen Embryo schließlich über die daraus entstehenden Rindenstränge zu Keim- oder Eiballen werden. Die Stränge werden im Verlauf der weiteren Entwicklung durch Bindegewebe ersetzt und bilden sich zu einem Gerüst für die Anlage der Eierstöcke weiter aus. Dabei gehen aus den Keimballen die ersten Eifollikel hervor. Auch der Eileiter und der Kanal zwischen Gebärmutter und Vagina haben im so genannten Müller-Gang ihren Vorläufer (nach dem Berliner Anatomen Johannes P. Müller, 1801–1858).

Ein Antihormon veranlasst die Bildung der Eierstöcke

Dass es zur Rückbildung des Müller-Gangs und zur Entwicklung der Eierstockanlage kommen kann, ist dem Hormon Inhibin zu verdanken, das deswegen auch »Anti-Müller-Hormon« heißt.

Zusammengefasst sind folgende Anlagen die Basis für beide Geschlechter: die Genitalfalte der Urniere, der Urnierengang und Urnierenreste, der Müller-Gang, der Müller-Hügel, die Genitalhöcker und -falten sowie die Genitalwülste.

Sind die Keimdrüsen angelegt, beginnen sie bereits mit der Produktion von Geschlechtshormonen. Für die Geschlechtsdifferenzierung ist dabei nicht ausschlaggebend, welche Geschlechtshormone produziert werden, denn es werden sowohl männliche als auch weibliche gebildet, sondern in welchem Verhältnis zueinander dies geschieht.

Für die Differenzierung des Geschlechts ist entscheidend, in welchem Verhältnis zueinander die männlichen und weiblichen Geschlechtshormone produziert werden.

Die Weiche zur Weiblichkeit wird gestellt

Ab der siebten Schwangerschaftswoche setzen sich die weiblichen bzw. männlichen Anlagen durch.

Das Y-Geschlechtschromosom, das den Embryo zum angehenden Mann machen wird, beginnt erst nach der siebten Woche nach der Befruchtung mit seiner Tätigkeit. Aus dem Blickwinkel des weiblichen Embryos gesehen, ist es nun Zeit, sich von der gemeinsamen Entwicklung abzukoppeln und das typisch Weibliche in Szene zu setzen. Es beginnen sich aus den genitalen Embryonalanlagen die inneren Geschlechtsorgane zu bilden.

Schon in der 12. bis 16. Schwangerschaftswoche werden die äußeren Geschlechtsorgane entwickelt, und bereits zwischen der 16. und 28. Schwangerschaftswoche reift die Schaltzentrale des Hormonhaushalts, der Hypothalamus, heran. Damit beginnt schon im Mutterleib das System zu funktionieren, denn die vom Ungeborenen produzierten Geschlechtshormone wirken auf den Hypothalamus ein. Es ist allerdings noch unklar, welche hormonellen Signale daraufhin vom Hypothalamus ausgesendet werden.

Die Entwicklung der inneren Geschlechtsorgane

Embryo (beide Geschlechter)	Fötus (weiblich)	Fötus (männlich)
Genitalfalte der Urniere	Eierstöcke	Hoden
Urnierengang und Urnierenreste	Nebeneierstock	Nebenhodengang und Samenleiter
Müller-Gang	Eileiter, Gebärmutter, Scheide	Bläschen am oberen Pol des Hodens
Müller-Hügel	Scheideneingang	Längliche Vorwölbung der Harnröhrenschleimhaut
Genitalhöcker, Genitalfalten	Kitzler, kleine Schamlippen, Scheidenvorhof, Schwellkörper in den kleinen Schamlippen	Glied, Eichel, Harnröhrenschwellkörper
Genitalwülste	Große Schamlippen	Hodensack

Eiervorrat im Übermaß

Bereits ab der zehnten Schwangerschaftswoche bilden sich in den Eierstöcken des Ungeborenen die Eibläschen. Bei der Geburt wird darin der gesamte Vorrat von etwa 400 000 kleinen Eiern vorhanden sein, wovon später in der gebärfähigen Zeit gerade einmal 400 bis 500 heranreifen können und davon nur ein ganz kleiner Anteil überhaupt die Möglichkeit geboten bekommt, befruchtet zu werden. Die Erhaltung der Art wird also von der Natur nach dem Motto betrieben: Einer kommt schon durch!

Etwa 400 000 Eier sind bei der Geburt in den Eierstöcken.

Unterstützung durch die Mutterhormone

Zunächst produziert der Gelbkörper (Korpus luteum) die Östrogene und Progesteron. Nach seiner Rückbildung übernimmt die Plazenta seine Funktion. Von der Plazenta gelangen verschiedene Hormone auch in den Körper des ungeborenen Mädchens. Mit dieser »Zugabe« werden verschiedene Entwicklungsstadien des Fötus unterstützt. Zudem verdickt sich unter dem Einfluss der mütterlichen Östrogene die Schleimhaut in der winzigen Gebärmutter des ungeborenen Mädchens ein wenig und ist bei der Geburt etwa so dick wie die Gebärmutterschleimhaut einer erwachsenen Frau, bevor sie ihren Eisprung hat.

Durch den Östrogenentzug beim Abtrennen der Nabelschnur ist bei neugeborenen Mädchen eine menstruationsähnliche Blutung möglich.

Beim Abnabeln wird die Hormonzufuhr durch die Mutter unterbrochen, wodurch sich wegen des Östrogenentzugs die Gebärmutterschleimhaut wieder zurückbildet. Bei manchen neugeborenen Mädchen kann deswegen sogar eine leichte »Menstruationsblutung« aus der Vagina beobachtet werden.

Außerdem wird kurz nach der Geburt häufig ein Anschwellen der Brustdrüsen beobachtet, wobei es vorkommen kann, dass sogar eine milchähnliche Substanz aus den Brustwarzen austritt, die früher »Hexenmilch« genannt wurde.

Die Hormone vom Kindesalter an

Die Geschlechtshormone treten auf dem Weg zum Erwachsenen vorerst zugunsten anderer wichtiger Botenstoffe in den Hintergrund. Dies sind vor allem die Schilddrüsenhormone und das Wachstumshormon Somatostatin, das in der Hypophyse gebildet wird. Durch deren Wirken wächst das Kind körperlich, geistig und seelisch heran.

Schilddrüsen- und Wachstumshormone stehen im Kindesalter im Vordergrund. Sie fördern die körperliche, geistige und seelische Entwicklung des Kindes.

Gibt es kindliche Sexualität?

Diese Frage ist nur eindeutig zu beantworten, wenn der Begriff »Sexualität« differenziert wird. Sexualität in dem Sinn, wie sie von Erwachsenen begriffen und miteinander gelebt wird, darf im Kindesalter sicherlich keine Rolle spielen. Sexuelle Handlungen an und mit Kindern sind in allen Kulturen zu Recht verpönt und werden mit hohen Strafen sanktioniert – besonders, was den Umgang der Eltern mit ihren Kindern betrifft, denn der Missbrauch des kindlichen Vertrauens zu seinen engsten Bezugspersonen ist am verwerflichsten! Das heißt aber nicht, dass Kinder keine eigene Sexualität entwickeln und diese nicht bereits auf der körperlichen Ebene erleben könnten, zumal man sich vergegenwärtigen sollte: Menschen werden als sexuelle Wesen geboren!

Schon vom Augenblick der Geburt an ist der Mensch ein sexuelles Wesen.

Das orale Stadium: Nichts ist besser als Saugen!

Das neugeborene Mädchen denkt – wie die männlichen Säuglinge auch – zunächst an nichts anderes, als immerwährend seinen Hunger zu stillen. Dies bedeutet für etwa ein Jahr: Saugen, saugen, saugen – ob an der mütterlichen Brust oder umständehalber am Gumminippel der Flasche. Nichts ist interessanter, und alle anderen Bedürfnisse sind bestenfalls zweitrangig! Zumindest nach außen erweckt das Mädchen diesen Eindruck, weswegen oft vergessen wird, dass die Kontakte zwischen Eltern und Kind trotzdem sehr viel weitreichender sind als der unübersehbare Kontakt zwischen Mund und mütterlicher Brustwarze.

Der offensichtlich erste sexuelle Kontakt eines Neugeborenen zu seiner Umwelt ist das Nuckeln an der Mutterbrust.

Die primären Geschlechtsorgane sind alle vorhanden

Wenn das Mädchen auf die Welt kommt, sind ihre Genitalien in Miniaturform vollständig vorhanden. Die Vulva ist in diesem Alter bereits mit vielen empfindlichen Nervenenden versehen, sodass für das Mädchen die täglich mehrmalige Säuberung nicht zu den unangenehmen Erfahrungen des Lebens gehören muss. Das Strampeln auf dem Wickeltisch ist für das weibliche Baby nicht nur Ausdruck großer Bewegungsfreude, sondern es empfindet dabei schon allein deshalb ein Lustgefühl, weil die großen Schamlippen aneinander gerieben werden. Dieses körperlich angenehme Gefühl ist stark verbunden mit dem Elternteil, der meistens die Windeln wechselt. Festzuhalten ist jedoch, dass es sich um eine rein passive Lustempfindung handelt, die von niemandem aktiv begleitet oder unterstützt werden darf.

Ein intensiver physischer und psychischer Kontakt zwischen Vater und Tochter von Anfang an ist wichtig für die weitere Entwicklung des Mädchens zur jungen Frau.

Säuglinge haben bereits ein ausgeprägtes Bedürfnis nach Zärtlichkeit und körperlichem Kontakt, auch wenn sie dies nur unterbewusst vermitteln können.

Körperlicher Kontakt als wichtige Grundlage für die spätere Sexualität

Für ein erfülltes Sexualleben des Mädchens nach der Pubertät werden bereits in der Kindheit von Anfang an die entscheidenden Weichen gestellt. Dies hat nichts damit zu tun, dass dem Mädchen Weiblichkeit in irgendeiner Weise angelernt werden müsste. Trotzdem sollten sich verantwortungsbewusste Eltern darüber im Klaren sein, dass schon im oralen Stadium des ersten Lebensjahres neben dem Drang zum Saugen das Bedürfnis des Kindes nach Zärtlichkeit, Nähe, Geborgenheit und körperlichem Kontakt (nicht nur über die nahrungsspendenden Brüste der Mutter) zu ihnen stark ausgeprägt ist. Nur werden diese Bedürfnisse – im Gegensatz zum sehr offen vorgebrachten Schreien nach Nahrung – unterbewusst vermittelt. Es erfordert daher das Feingefühl der Eltern, diese zu erkennen und mit der nötigen Zuwendung darauf zu reagieren. Kinderpsychologen vertreten jedenfalls übereinstimmend die Meinung, dass die Befriedigung dieser Bedürfnisse beim kleinen Mädchen vielversprechende Ansätze für eine gute Sexualität der jungen Frau darstellen.

■ Keine Abstinenz der Väter im ersten Lebensjahr!

Sowohl die aktive Rolle bei der Pflege des Mädchens im Babyalter – wie etwa das Wickeln – als auch der Kontakt über die Stimme, das Aufnehmen auf den Arm oder andere Formen der Zärtlichkeit sollten für den Vater in den ersten Lebensmonaten kein Tabu sein. Denn für ein Mädchen ist dies von größter Bedeutung für seine weitere Entwicklung zur jungen Frau. Sie soll ja ein möglichst unbelastetes Verhältnis zu den Männern, besonders aber zu ihren zukünftigen Partnern entwickeln. Gerade der Kontakt zum Vater darf von Anfang an physisch und psychisch so intensiv wie möglich sein.

■ Unsicherheit im Umgang mit der Tochter

Nicht wenige Männer fühlen sich jedoch im körperlichen Umgang mit ihrer heranwachsenden Tochter verunsichert. Nach der

Wanderung auf einem schmalen Grat: Die körperliche Nähe zur kleinen Tochter ist wichtig, darf aber niemals in den Bereich der Sexualität vorstoßen.

in dieser Hinsicht noch recht unkomplizierten Babyphase, in der beispielsweise das gemeinsame Verweilen in der Badewanne locker vor sich ging, interessiert sich ein zweijähriges Mädchen schon so sehr für seine Umgebung, dass es die geschlechtlichen Unterschiede bewusst wahrnimmt und auch mit Worten darauf eingehen wird. Für diesen Fall sollte man schon vorher einmal über eine angemessene Reaktion nachdenken, um den unausweichlichen Fragen begegnen zu können. Die große Aufklärungskampagne dürfte in diesem Alter zweifellos noch fehl am Platze sein, aber man sollte eine kindgerechte Aussage finden, die den deutlich sichtbaren geschlechtlichen Unterschied als natürlich erscheinen lässt.

Machen Sie als Vater Ihrer Tochter auf kindgerechte Art den Unterschied zwischen den Geschlechtern klar.

Ziel ist, dass das Mädchen das Geschlecht seines Vaters als normal empfindet und damit die zwanglosen Umgangsformen in der Familie fortgeführt werden können.

■ Zärtlichkeit in geregelten Grenzen

Im körperlichen Umgang mit der Tochter sollten also etwa ab dem zweiten Lebensjahr von Seiten des Vaters gewisse Regeln aufgestellt werden, die die zärtliche körperliche Nähe zu seiner Tochter auch weiterhin ermöglichen, ohne jemals in den Bereich der Sexualität vorzustoßen. Wenn wir wieder das Beispiel des gemeinsamen Badens heranziehen, so ist leicht zu verstehen, welche Grenzen gemeint sind.

Es wäre beispielsweise keineswegs ratsam, aus falscher Scham nunmehr auf unverfängliche körperliche Berührungen zu verzichten, denn die Tochter soll das Geschlecht ja als natürlich empfinden – es dürfen jedoch nie die Grenzen hin zu einer sexuellen Betätigung überschritten werden.

In der Verantwortung des Vaters liegt es, dem bisweilen schmalen Grad zwischen väterlicher Zuwendung und fragwürdigem Verhalten Rechnung zu tragen: Es gilt, die weitere Entwicklung der eigenen Tochter so behutsam zu steuern, dass sie sich weder in ihrem Schamgefühl verletzt noch durch einen etwaigen körperlichen Rückzug zurückgewiesen fühlt.

Spielerisch Schritt für Schritt aufklären

Je älter das Mädchen wird, umso anspruchsvoller wird die Aufgabe, im körperlichen Kontakt die Natürlichkeit aufrechtzuerhalten. Denn die junge Heranwachsende hat wahrscheinlich inzwischen durch verschiedenste Erlebnisse und Quellen erkannt, welche Bedeutung die Andersartigkeit der Geschlechter wirklich hat. In der Tat wird es nun Zeit, Schritt für Schritt aufklärend zu wirken, wann immer die Tochter Fragen zu diesem Thema stellt.

Der natürliche körperliche Umgang zwischen Vater und Tochter ist keine leichte Aufgabe, denn das Kind sollte sich weder in seinem Schamgefühl verletzt noch zurückgewiesen fühlen. Generell gilt: Hat das Mädchen kein Bedürfnis mehr nach Körperkontakt, darf er auch nicht erzwungen werden.

Selbstverständlich sollte die Beantwortung spielerisch theoretisch erfolgen und keinesfalls Demonstrationen irgendwelcher Art beinhalten. Zudem sollte der Vater eine mit den Jahren aufkommende Abneigung der Tochter gegen zu viel körperliche Nähe zu ihm nicht als Problem empfinden, denn diese Entwicklung ist völlig normal: Tatsächlich will sie spätestens mit dem Beginn der Pubertät von Aktionen, wie gemeinsames Baden oder auf dem Schoß sitzen, überhaupt nichts mehr wissen.

Jetzt kann als Faustregel gelten: Wenn die Tochter kein oder nur noch wenig Bedürfnis nach körperlichem Kontakt hat, dann darf dieser auch nicht erzwungen werden! Der Vater sollte sich deshalb aber auch nicht zurückgesetzt fühlen, sondern nach wie vor ein verständnisvoller Ansprechpartner sein. Damit kann möglicherweise erreicht werden, dass die sehr oft auftretende Entfremdung während der Pubertät zwischen Kind und Eltern in geringerem Maße oder vielleicht auch gar nicht stattfindet.

Die Pubertät – die Frauenhormone verändern alles

Während der Pubertät – etwa vom 9. bis 14. Lebensjahr – verändert sich bei Mädchen die Gefühls- und Gedankenwelt.

Die Pubertät ist für das Mädchen ein einschneidendes Erlebnis, das ihren Körper äußerlich verändert, die inneren Sexualorgane reifen lässt, ihrer Gefühls- und Gedankenwelt eine völlig neue Richtung gibt und schließlich auch massive soziale Veränderungen einleitet. Der altersmäßige Beginn ist individuell verschieden, und manchmal vollzieht sich der Übertritt in diese Phase der Reifung und Identitätsfindung auch ganz allmählich, ohne dass man ihn zeitlich genau bestimmen könnte.

Der Anfang ist individuell verschieden

Die Pubertät beginnt bei Mädchen im Durchschnitt etwa zwei Jahre früher als bei Jungen, und zwar ungefähr im neunten oder zehnten Lebensjahr, und dauert etwa fünf Jahre, während sie bei Jungen etwa mit dem zwölften Lebensjahr eingeleitet wird und mit dem 17. Lebensjahr meistens endet. Alle Veränderungen gehen sehr langsam, aber stetig voran, und bei jedem Mädchen vollzieht sich dieser Prozess mit unterschiedlicher Geschwindigkeit. Als Eltern sollte man diese Erkenntnis einer verunsicherten Tochter vermitteln, um sie davor zu schützen, dass sie im Vergleich mit anderen Mädchen in der gleichen Altersstufe möglicherweise Minderwertigkeitsgefühle entwickelt, weil sie meint, in ihrer Entwicklung mit ihnen nicht Schritt halten zu können.

Das Äußere beginnt sich rasant zu verändern

Die ersten äußeren Anzeichen sind die Rundung der Brüste, der Oberarme, der Hüften, des Pos und der Oberschenkel durch ver-

Bei Mädchen setzt die Pubertät durchschnittlich zwei Jahre früher ein als bei Jungen und ist nach etwa fünf Jahren abgeschlossen. Die einzelnen Veränderungen vollziehen sich jedoch mit unterschiedlicher Geschwindigkeit.

Zeitlicher Ablauf der Pubertät

Alter	Mädchen	Knaben im Vergleich
9–10	Verbreiterung des Beckens, Hüftrundung, Beginn vermehrter Androgenproduktion, die später das Wachstum der Achsel- und Schambehaarung verursacht (Adrenarche)	
11	Beginn der Entwicklung der Brustwarze (Thelarche), Wachstum der Schamhaare (Pubarche)	Beginn vermehrter Androgenproduktion mit darauf folgendem Wachstum der Achsel- und Schambehaarung (Adrenarche)
12	Reifung der Keimdrüsen unter dem Einfluss der Gonadotropine (Gonadarche), Höhepunkt des Wachstumsschubs	
13	Erstes Auftreten der Menstruation (Menarche), Wachstum der Achselbehaarung	Reifung der Keimdrüsen unter dem Einfluss der Gonadotropine (Gonadarche), Wachstum der Schamhaare (Pubarche), Vergrößerung der Hoden
14		Höhepunkt des Wachstumsschubs, Vergrößerung der Brustdrüse (Pubertätsgynäkomastie)
15	Regelmäßige Menstruation mit Eisprung	Stimmbruch, Wachstum der Achselbehaarung, Bartwuchs
16–17	Abschluss des Skelettwachstums	Ausbildung der typisch männlichen Schambehaarung, stärkere Körperbehaarung
18–19		Abschluss des Skelettwachstums

mehrte Fettablagerungen im Unterhautgewebe, wobei es zur Bildung der charakteristischen weiblichen Körperform kommt. Dadurch wird der Anteil des Fettgewebes im Verhältnis zum übrigen Körpergewebe (den Knochen und Muskeln) größer, sodass die Muskeln im Vergleich zum Fettgewebe nicht hervortreten.

Tatsächlich haben die meisten Frauen nach der Pubertät weniger Muskelmasse als die Männer. Dies hat den Vorteil, dass sie durch den größeren Anteil an Fettgewebe in der Kälte die Körpertemperatur besser aufrechterhalten können – sie frieren nicht so schnell, wobei sehr schlanke Frauen naturgemäß allerdings kaum in den Genuss dieses Vorteils gelangen!

Langsam aber stetig reifen die Brüste, wobei es durchaus sein kann, dass eine Brust zunächst deutlich schneller zunimmt als die andere. Zudem wächst, individuell sehr verschieden in Ausmaß und Dichte, die Schambehaarung – das Zeichen schlechthin für die beginnende Geschlechtsreife – und auch die Achselbehaarung entwickelt sich.

Weniger auffällig, aber doch erwähnenswert ist, dass die Scheide und die kleinen Schamlippen größer werden, sodass diese oft nicht mehr vollständig von den großen Schamlippen bedeckt werden. Zudem ist die Pubertät mit einem Wachstumsschub verbunden, nach dem die endgültige Körpergröße in den meisten Fällen erreicht ist.

Sichtbare Veränderungen während der Pubertät bei Mädchen sind:

- *Rundung von Brüsten, Oberarmen, Hüften, Po und Oberschenkel*
- *Entwicklung von Scham- und Achselbehaarung*
- *Vergrößerung von Scheide und kleinen Schamlippen*
- *Wachstumsschub*

Die weiblichen Hormone werden über Nacht aktiv

Wie kommt es nun dazu, dass die weiblichen Hormone bzw. ihre Herstellungsorte nach ihrem jahrelangen Dornröschenschlaf plötzlich aktiv werden? Genau diese Frage ist bis heute nicht endgültig geklärt – was konkret den sexuellen »Urknall« auslöst, konnte die Hormonforschung noch nicht vollständig ergründen. Man vermutet aber, dass das in der Zirbeldrüse gebildete Hormon Melatonin, das eine antiandrogene Wirkung aufweist, für die fast zehnjährige Ruhigstellung der Eierstöcke verantwortlich ist und so die erhöhte Produktion weiblicher

Hormone verhindert wird. Damit ist aber trotzdem noch nicht geklärt, warum die antiandrogene Wirkung des Melatonins plötzlich nachlässt und die Herstellung der Frauenhormone nun auf einmal auf Hochtouren kommt.

Hormone erwecken die Eierstöcke zum Leben

Im Gehirn gibt der Hypothalamus mittels des auslösenden Hormons GnRH (Gonadotropin-Releasing-Hormon) der Hypophyse den Auftrag, das Eisprunghormon (LH) und das Eizellenwachstumshormon (FSH) zu produzieren und auszuschütten. Beide gelangen so zu einem verschiedenen Zeitpunkt zu den noch inaktiven Eierstöcken, wo das FSH die Eibläschen, die Follikel, anregt, zu wachsen und Östrogene zu bilden. Das LH kommt dann zum Zuge, wenn der erste Eisprung stattfindet, denn erst danach, also nach Beendigung der Reifung der Follikel, kann das LH die Progesteronbildung anregen. Der Gelbkörper kann nur nach dem Eisprung entstehen und weitere Östrogene und Progesteron bilden. Alle Weichen sind also so gestellt, dass bald ein regelmäßiger Zyklus beginnen kann.

Schwankungen in der Produktion von Androgenen und Östrogenen können zu unerwünschtem Haarwachstum, etwa zwischen den Brüsten oder am Oberschenkel, sowie zu Akne führen. Doch sobald die Eierstöcke vollständig funktionieren, verschwinden diese Erscheinungen wieder.

Hormonelle Ausrutscher vergehen wieder

Sind die Eierstöcke erst einmal erwacht, dann produzieren sie auch die männlichen Androgene, von denen die Frau kleine Mengen für den reibungslosen Ablauf ihres Hormonhaushalts benötigt. Während der Pubertät eines Mädchens haben sie die Aufgabe, das Wachstum der Scham- und Achselhaare zu fördern. Weil aber in dieser Entwicklungsphase oft noch nicht alles so vollendet geregelt ist, wie es sein sollte, kann die Produktion von Androgenen und Östrogenen etwas aus dem Gleichgewicht geraten. Die Eierstöcke bilden zwar ein normales Quantum an männlichen Androgenen, jedoch noch nicht in ausreichendem Maße die weiblichen Östrogene.

Dies hat unter Umständen zur Folge, dass nicht nur an den für eine Frau »gewohnten« Stellen Haare wachsen, sondern dass sie auch zwischen den Brüsten, in der Nabelregion und am Ober-

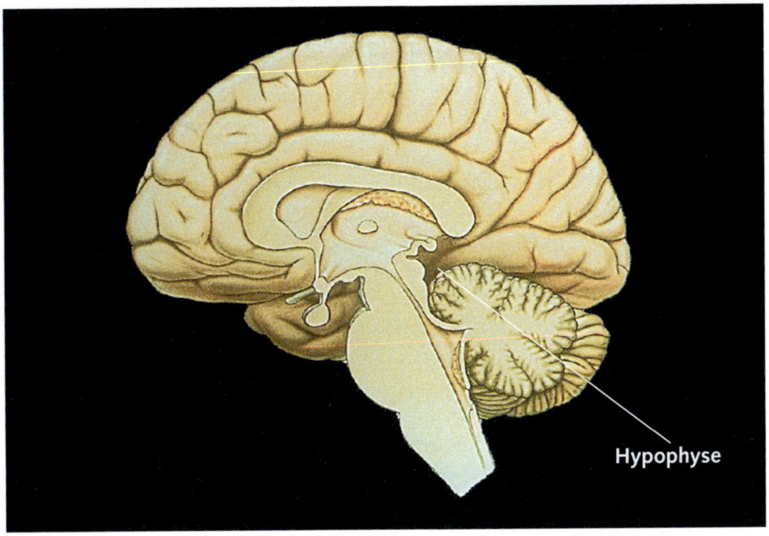

Das Eisprunghormon LH und das Eizellenwachstumshormon FSH werden von der Hypophyse produziert – das FSH regt die Eierstöcke zum Wachstum an, das LH die Progesteronbildung.

schenkel sprießen. Auch kommt es in diesem Fall bisweilen zur gefürchteten Akne, einer bei Knaben normalen, aber ebenfalls unerwünschten Begleiterscheinung der Pubertät.

Doch keine Panik! Sobald die Eierstöcke voll ihre Funktionen aufgenommen haben und Androgene in ausreichendem Maße in Östrogene umgewandelt werden, verschwinden diese unerwünschten männlichen Attribute sehr schnell wieder, und der weibliche Körper kann sich ungestört weiter entwickeln.

Die Seele schwankt mit den Hormonen mit

Nicht nur im körperlichen Bereich kommt es zu einer fundamentalen und unübersehbaren Veränderung, sondern auch die zu Pubertätsbeginn noch kindliche Seele wird in diesen Jahren großen Gefühlsschwankungen unterworfen. Dies ist ebenfalls eine Folge des neuen Zusammenspiels der Geschlechtshormone. Allerdings wissen wir, dass sie nie allein die Führungsposition übernehmen, sondern dass auch alle anderen Hormone im Körper immer kräftig mitmischen und die Wirkung der Geschlechtshormone stark beeinflussen können. Genau genommen ist während der Pubertät der gesamte Hormonhaushalt noch nicht rich-

Die Hormone sind für die ersten Gefühlsschwankungen verantwortlich.

tig eingespielt, sodass es immer wieder zu erheblichen Schwankungen kommt. Das sprichwörtliche »einmal himmelhoch jauchzend und dann wieder zu Tode betrübt« ist nicht zuletzt auf das zu diesem Zeitpunkt noch unausgewogene Zusammenspiel der Hormone zurückzuführen.

■ Abnormales Verhalten ist in der Pubertät normal

Auch bei der Frau sind es die Androgene, die für das Lustempfinden verantwortlich sind.

Ziehen wir noch einmal das Beispiel einer zu starken Androgenproduktion heran: Androgene sind auch bei der Frau für die Libido, d. h. für das Lustempfinden, verantwortlich. Sind sie bei einem pubertierenden Mädchen gerade im Übermaß vorhanden, so kann das sexuelle Verlangen, mit dem es noch nicht umzugehen gelernt hat und das in diesem Augenblick auch in einem höheren Maß vorhanden ist, als es nach der Pubertät je wieder der Fall sein wird, große körperliche und seelische Qualen auslösen, weil das Ausleben dieser Lust in diesem Alter im Normalfall ja nicht möglich ist.

Auch das Ungleichgewicht zugunsten der Östrogene ist nicht unproblematisch, denn damit werden die Nervenenden an den empfindlichen Stellen des weiblichen Körpers sensibler auf sexuelle Reize, was für die Betroffene eine enorme Last sein kann,

Die Stimmung schlägt bei Teenagern oft von einem Moment zum anderen um. Hormonbedingte körperliche und seelische Probleme sind in der Pubertät an der Tagesordnung und völlig normal.

zumal die Reizdusche zunächst nicht leicht zu verarbeiten ist. Ebenso können Konflikte in der Schule und/oder mit den Eltern unerwünschte Auswirkungen auf das ohnehin schon labile Hormongleichgewicht haben: Es kommt zu einer verstärkten Ausschüttung von Adrenalin und Noradrenalin, die wiederum einen ungünstigen Einfluss auf den gesamten Hormonhaushalt haben. Es kann also während der Pubertät ein scheinbar unentwirrbares Knäuel von hormonbedingten Problemen entstehen. Man braucht sich nicht zu wundern, dass das vorher so umgängliche Mädchen plötzlich tagelang gereizt, aggressiv oder tieftraurig wirkt, manchmal auch orientierungslos in den Tag hineinträumt, dann aber wieder – von einer Minute auf die andere – überschwenglich gut gelaunt und erlebnishungrig ist.

Himmelhoch jauchzend, zu Tode betrübt – extreme Stimmungsschwankungen sind in der Pubertät an der Tagesordnung!

■ Hilfe, die anderen sind schon in der Pubertät!

Eine tiefe Sorge plagt die heranwachsenden Mädchen dann, wenn eine Reihe von Freundinnen gleichen Alters den Eintritt in die Pubertät wie eine Errungenschaft darstellen und die Neigung haben, auf noch nicht pubertierende Mädchen herabzublicken. Sie haben Angst, dass die Pubertät bei ihnen ausbleibt, d. h. dass sie niemals eine Frau werden und so zum Gespött ihrer Klassenkameradinnen werden könnten.

Nur dann, wenn sich bis zum 15. Lebensjahr gar keine Zeichen der Pubertät einstellen, sollte das Mädchen eine Frauenärztin aufsuchen, um die – eher unwahrscheinliche – Möglichkeit einer gravierenden Hormonstörung ausschließen zu können.

■ Was heißt schon zu früh?

Bereits eine Acht- oder Neunjährige kann deutliche Anzeichen der Pubertät aufweisen, ohne dass dies alarmierend zu sein braucht. Ein schnell und groß heranwachsender Busen und eine sich ebenso rasch entwickelnde Schambehaarung gibt keineswegs Auskunft darüber, ob und wie das Mädchen die hormonell bedingten seelischen Veränderungen bereits verarbeitet hat und wie der Hormonhaushalt insgesamt entwickelt ist.

Wenn Sie als Eltern Angst haben, dass Ihre Tochter frühreif ist, dann sollten Sie umso mehr das Gespräch mit ihr suchen, schon allein deshalb, um sie vor zu frühen sexuellen Kontakten noch eine gewisse Zeit bewahren zu können. Damit soll aber nicht gesagt sein, dass es ein bestimmtes Alter für den ersten sexuellen Kontakt gibt, das als Maßgabe für den richtigen Zeitpunkt dienen könnte.

Das ohnehin labile Hormongleichgewicht pubertierender Mädchen kann durch Konflikte mit der Schule oder den Eltern vollständig durcheinander geraten, wenn verstärkt Stresshormone freigesetzt werden.

Es kommt zur ersten Regelblutung

Ein einschneidendes Erlebnis für Mädchen ist das erste Auftreten der Menstruationsblutung, die etwa drei Jahre nach den ersten Zeichen der beginnenden Pubertät und heute im Alter von durchschnittlich 12 bis 13 Jahren einsetzt. Im letzten Jahrhundert lag das Durchschnittsalter noch bei über 15 Jahren, wobei die bessere Ernährung dazu geführt hat, dass das so genannte kritische Gewicht, das zum Zeitpunkt der Menarche durchschnittlich 46 Kilogramm beträgt, heute früher erreicht wird. Es ist erwiesen, dass die erste Menstruation dann eintritt, wenn das Verhältnis zwischen Fett- und übrigem Gewebe ungefähr 1:3 ist, was einem Fettanteil von etwa 25 Prozent entspricht. Deshalb ist es auch nachvollziehbar, wenn etwas molligere Mädchen die Menarche früher bekommen als schlanke.

Die Menstruationszyklen in den ersten beiden Jahren sind meistens sehr unregelmäßig, und ziemlich oft erfolgt die Menstruation, ohne dass ein Eisprung stattgefunden hat. Wenn ein Mädchen in dieser Zeit Sexualverkehr hat, sollte es sich darauf allerdings nicht verlassen, sondern zu zuverlässigen Methoden der Empfängnisverhütung greifen.

Die vorzeitige Pubertätsentwicklung (Pubertas praecox)

Es ist schwierig, eine echte Pubertas praecox von einer sehr frühen, aber noch der Norm entsprechenden Pubertät abzugrenzen.

So muss eine Blutung aus der Vagina im Kindesalter nicht unbedingt die erste Menstruation sein. Wahrscheinlicher ist, dass sie der Hinweis auf eine Erkrankung ist, weshalb unbedingt eine ärztliche Untersuchung angezeigt ist. Überhaupt können Symptomen, die zunächst auf eine Pubertas praecox schließen lassen, Gesundheitsstörungen zugrunde liegen.

Sollte im Kindesalter eine Blutung auftreten, so muss dies nicht unbedingt auf eine Menstruation hindeuten.

Wenn bei einem Mädchen sexuelle Reifezeichen, wie Menstruation, Schambehaarung und/oder Brustentwicklung, bereits vor dem achten Lebensjahr zu beobachten sind, sollte sicherheitshalber ein Arzt aufgesucht werden, der entsprechende Untersuchungen durchführen wird.

Das Ausbleiben der ersten Menstruation (primäre Amenorrhoe)

Im Normalfall tritt die erste Menstruation zwischen dem 12. und dem 14. Lebensjahr ein. Ist dies regelmäßig jeden Monat der Fall und der Ablauf der Zyklen zeigt keine Unregelmäßigkeiten auf, dann kann die junge Frau davon ausgehen, dass ihr Hormonhaushalt in Ordnung ist. Unter Umständen kann sich das erste Auftreten der Menstruation aber auch um einige Jahre verzögern, was allerdings noch kein Grund zur Sorge sein sollte.

Auch wenn die erste Menstruation ein paar Jahre auf sich warten lässt, ist dies aus medizinischer Sicht meist kein Grund zur Sorge. Die seelische Belastung für das Mädchen kann aber beträchtlich sein.

Aber wenn die Menstruation noch mit der Vollendung des 18. Lebensjahres ausbleibt, obwohl die anderen Reifezeichen eingetreten sind, kann eine organische, genetische oder hormonelle Störung nicht mehr ausgeschlossen werden. Dieser Verdacht sollte durch einen Besuch beim Frauenarzt abgeklärt werden.

■ Unregelmäßigkeiten in der ersten Zeit sind normal

Achtung! Auch wenn der Menstruationszyklus in der ersten Zeit noch unregelmäßig verläuft, ist dies kein Schutz vor einer Schwangerschaft!

Eine junge Frau, deren Menstruationszyklus in den ersten Monaten noch unregelmäßig verläuft, braucht zunächst nicht besorgt zu sein. Denn meist erst zwischen dem 16. und dem 18. Lebensjahr hat sich der Zyklus soweit eingespielt, dass von einer »Regel«-mäßigkeit gesprochen werden kann. Bis dahin kann es sein, dass die Blutungen nicht zum vorgesehenen Zeitpunkt einsetzen, in ihrer Stärke stark schwanken oder für einige Monate sogar ganz aussetzen.

Aber Vorsicht: Es wäre verfehlt anzunehmen, dass während eines solch unregelmäßigen Ablaufs des Zyklus keine Schwangerschaft eintreten kann. Jede Frau kann von dem Moment an schwanger werden, zu dem sie ihre erste Menstruation und damit den ersten Eisprung hatte.

■ Verzögerung der Menstruation durch Gewichtsprobleme

Es kommt vor, dass das Einsetzen der Menstruation länger auf sich warten lässt – eine Erscheinung, die bei den Betroffenen oftmals große Verunsicherung auslöst. Vor allem Teenager, die das 16. Lebensjahr erreicht haben, suchen besorgt ihren Frauenarzt auf, um abzuklären, ob sie eventuell unter einer Hormonstörung leiden.

Zunächst wird der Gynäkologe prüfen, ob das Jungfernhäutchen (Hymen), das den Eingang der Vagina schützt, vielleicht vollständig geschlossen ist.

Dies könnte bedeuten, dass zwar eine Menstruation ausgelöst wird, das Blut jedoch nicht aus der Vagina austreten kann. Normalerweise lässt das Hymen, auch vor dem ersten Geschlechtsverkehr, die Menstruationsblutung ohne weiteres passieren. Ähnliche Auswirkungen könnte ein undurchgängiger Muttermund haben, der ebenfalls Blut in der Gebärmutter zurückhält.

Beide Anomalien können mit einem kleinen operativen Eingriff behoben werden. Nur in den seltensten Fällen ist das Ausbleiben der ersten Regel tatsächlich auf konkrete hormonelle Störungen zurückzuführen. Wahrscheinlicher ist, dass die Betroffene an Unter- oder Übergewicht leidet, durch welches der Eisprung und die Regelblutung verhindert werden. Laut Statistik wiegen junge Frauen bei ihrer ersten Menstruation durchschnittlich 46 Kilogramm.

■ Wenn das Ausbleiben der Regel zum Alarmzeichen wird

Können alle genannten Faktoren zweifelsfrei ausgeschlossen werden und lässt das Einsetzen der ersten Menstruation weiterhin auf sich warten, sprechen die Mediziner von einer primären Amenorrhoe. Diese ist, für sich allein betrachtet, keine Krankheit, sondern immer »nur« das Symptom einer Gesundheitsstörung. Das Ausbleiben der Regel sollte deshalb immer dann als Alarmzeichen ernst genommen werden, wenn die Betroffene das 18. Lebensjahr bereits überschritten hat. In diesem Fall ist eine umfassende ärztliche Untersuchung unerlässlich.

Ist die erste Regel nach dem 18. Lebensjahr immer noch nicht eingetreten, muss auf jeden Fall ein Arzt versuchen, die Ursachen der Störung herauszufinden.

Hinzu kommt, dass junge Frauen, die von einer primären Amenorrhoe betroffen sind, einem großen Leidensdruck ausgesetzt sind. Minderwertigkeitsgefühle und (körperliche) Symptomatik schließen sich letztendlich zu einem Teufelskreis, durch den die eigentliche Störung möglicherweise sogar noch verschlimmert wird. Im Übrigen können folgende Ursachen einer primären Amenorrhoe zugrunde liegen:

- Störungen in der Hypophyse, wie z. B. die Akromegalie (eine Überproduktion des Wachstumshormons Somatotropin STH)
- Störungen der Eierstöcke, insbesondere das Stein-Leventhal-Syndrom (Vergrößerung der Eierstöcke durch zahlreiche kleine Zysten)

- Chromosomale Störungen wie das Turner-Syndrom, der Hermaphroditismus und die testikuläre Feminisierung
- Essstörungen, besonders die Magersucht (Anorexia nervosa)
- Starkes Übergewicht
- Herzerkrankungen und Tuberkulose
- Erkrankungen der Schilddrüse oder Nebennieren
- Schwere Erkrankungen, die von Hormonstörungen ausgelöst werden, wie der erhöhte Blutzucker (Diabetes mellitus), Verzögerung des Wachstums und der Reifeentwicklung
- Nebenwirkungen von Medikamenten
- Psychischer Stress durch zeitweilige Überlastung bis hin zu schweren psychischen Störungen

Mit Hormonen den Anstoß geben

Eine Hormonbehandlung ist nicht ganz unproblematisch. Unter Umständen sind bei primärer Amenorrhoe homöopathische Mittel, vernünftige Ernährung und Sport die bessere Wahl.

Eine primäre Amenorrhoe müsste als solche nicht behandelt werden, wenn die Betroffene an keiner der genannten Störungen leidet und nicht den Wunsch nach Kindern hat. Liegen jedoch ausschließlich Probleme im hormonellen Regelkreis vor, ohne dass Gebärmutter und Eierstöcke betroffen sind, wird im Allgemeinen versucht, über eine Hormongabe das Gleichgewicht wieder herzustellen. Dies geschieht oft durch die Verabreichung von Ovulationsauslösern, von denen die meisten in den hormonellen Regelkreis zwischen Hypothalamus, Hypophyse und den Eierstöcken eingreifen. Die grundsätzlichen Probleme einer Hormonbehandlung werden im Kapitel »Wechseljahre« besprochen. Es empfiehlt sich, in Absprache mit dem Arzt, versuchsweise auf alternative Möglichkeiten und homöopathische Mittel zurückzugreifen.

■ Gute Ernährung

Laut Statistik haben Mädchen mit einer spät einsetzenden Periode nach den Wechseljahren häufiger mit Osteoporose (Knochenschwund) zu tun als andere. Mit Milch, Käse und Jogurt sorgt man vorbeugend für eine ausreichende Kalziumzufuhr und mit einer vielseitigen Mischkost für genügend Vitamin D.

Bewegung

Das mit der Nahrung aufgenommene Kalzium sollte vom Körper gut verwertet werden. Regelmäßige Bewegung und Sport tragen viel dazu bei, zudem wird dadurch das Knochenwachstum gefördert. Tanzen ist z. B. empfehlenswert, weil zur Effektivität auch noch der Spaß kommt. Von Hochleistungssport ist bei der primären Amenorrhoe dagegen abzuraten, weil er die gegenteilige Wirkung hat.

Bei einer primären Amenorrhoe ist unbedingt von Hochleistungssport abzuraten, da er dem Knochenwachstum entgegenwirkt.

Pflanzentherapie

Besonders bewährt hat sich der Keuschbaum (Vitex agnus-castus), ein Eisenkrautgewächs, der Einfluss auf die Hormone FSH und LH nimmt und so mit dazu beitragen kann, den Hormonhaushalt zu stabilisieren.

Homöopathische Mittel

- Apis mellifica D6: Speziell für die Amenorrhoe junger Mädchen geeignet.
- Calcium carbonicum D12: Besonders zur Normalisierung beim Aussetzen der Menstruation bei jungen Mädchen, kann, in einer niedrigeren Konzentration verabreicht, auch bei der primären Amenorrhoe sinnvoll sein.
- Pulsatilla D12: Kommt vor allem bei Unregelmäßigkeiten der Menstruation in der gebärfähigen Phase (der sekundären Amenorrhoe) zum Einsatz, kann aber auch für die Behandlung der primären Amenorrhoe herangezogen werden.
- Cyclamen D6: Konnte bei der primären Amenorrhoe erfolgreich angewendet werden.
- Daminia D2: Entfaltet verschiedene positive Wirkungen auf das Genitalsystem, ist auch bei sekundärer Amenorrhoe angezeigt.
- Gossypium herbaceum D6: Wird speziell für alle Frauenbeschwerden angewendet, auch bei Amenorrhoe.
- Senecio aureus D2: Gilt als »weiblicher Regulator«, auch bei verspätetem Auftreten der Menstruation.

40 Jahre lang volles Programm

Die weiblichen Hormone verleihen der erwachsenen Frau neben der Gebärfähigkeit die Fähigkeit zur körperlichen und geistigen Liebe.

Mit dem Einsetzen der Pubertät liegen heutzutage etwa 40 Jahre vor der jungen Frau, in der sie gebärfähig ist. Diese Phase wurde in den vergangenen Jahrzehnten zusammen mit der steigenden Lebenserwartung immer länger, sodass das durchschnittliche Ende der Gebärfähigkeit heute bei knapp über 50 Jahren liegt. Die Hormonspiegel beginnen allerdings im Alter zwischen 40 und 45 Jahren zu sinken.

In dieser langen Zeit funktioniert der weibliche Körper so, dass die Frau – neben der Gebärfähigkeit – ihre Sexualität körperlich erleben und mit Gefühlen verbinden kann, dass sie also zur körperlichen (und geistigen) Liebe fähig ist, was ja nichts anderes bedeutet, als die Geschlechtshormone mit positiven psychischen Eindrücken in Einklang zu bringen.

Der Menstruationszyklus – nicht immer ganz reibungslos

Der Menstruationszyklus läuft nicht immer wie ein Uhrwerk ab.

So einfach, wie die Steuerung des Zyklus auf den ersten Blick auch erscheinen mag, so komplex ist sie andererseits. Der Hormonhaushalt reagiert nämlich auch auf alle anderen körperlichen und psychischen Einflüsse. Unter diesem Aspekt gesehen, erscheint es schon nicht mehr so selbstverständlich, dass der Menstruationszyklus oder die Menstruation so zuverlässig wie ein Uhrwerk funktioniert.

In der Tat können eine ganze Reihe von Unregelmäßigkeiten und Beschwerden auftreten, die fast jede Frau irgendwann einmal (manche Frau bedauerlicherweise auch jeden Monat aufs Neue) erleben muss.

Polymenorrhoe

Ein regelmäßiger, aber zu kurzer Zyklus bedeutet, dass die Menstruationsblutung in normaler Stärke und Dauer, jedoch zu häufig eintritt, wobei der Menstruationszyklus weniger als 25 Tage lang ist (gerechnet vom ersten Tag der einen bis zum ersten Tag der nächsten Menstruation). Die Polymenorrhoe ist meistens die Folge eines hormonellen Ungleichgewichts im Menstruationszyklus und äußert sich auf unterschiedliche Weise: Die Störung kann mit einer Verkürzung der Follikelreifungsphase bei etwa normal langer Gelbkörperphase auftreten, die Gelbkörperphase ist bei normal langer Follikelreifungsphase zeitlich eingeschränkt oder es kommt nur zu einem kurzen einphasigen Menstruationszyklus ohne Eisprung.

Organische Störungen wie Myome sind nur selten die Ursache für eine Polymenorrhoe. Meist ist ein hormonelles Ungleichgewicht der Grund für einen zu kurzen Zyklus.

Meistens ist die Ursache eine hormonelle Störung. Diese Unregelmäßigkeit im Zyklus tritt vor allem in den Jahren direkt nach der ersten Menstruation und kurz vor der Menopause auf. In diesen Fällen kommt es meistens zu keinem Eisprung vor der Blutung. Wenn sie jedoch während der geschlechtsreifen Zeit gehäuft vorkommt, kann sie ein gewichtiges Hindernis für eine Empfängnis darstellen.

Hier kann eine ärztliche Untersuchung Aufschluss darüber geben, ob die Verkürzung des Zyklus eine Befruchtung trotzdem zulässt. Selten ist die Ursache für eine Polymenorrhoe eine organische Störung, z. B. ein Myom (ein gutartiger Muskeltumor) der Gebärmutter. Da es wegen der Kürze des Zyklus zwangsläufig zu häufigeren Blutungen kommt, ist zudem langfristig die Gefahr einer Blutarmut (Anämie) gegeben.

Östrogene, Progesteron und Ovulationsauslöser als Therapie

Wenn kein Kinderwunsch besteht, ist es nicht unbedingt erforderlich, gegen den verkürzten Zyklus etwas zu unternehmen. Regelmäßige Blutuntersuchungen sollten in diesem Fall aber ausschließen, dass es zu einer Eisenmangelanämie kommen kann. Wird die Polymenorrhoe jedoch behandelt, muss immer bei den

Ursachen angesetzt werden. Dabei kommt es zunächst darauf an festzustellen, welche Phase des Zyklus verkürzt ist, was durch das tägliche Messen der Basaltemperatur geschehen kann. Je nachdem, welche Phase von der Störung betroffen ist, können Hormone verabreicht werden: So helfen Östrogene bei verkürzter Follikelreifungsphase, Progesteron bei verkürzter Gelbkörperphase und medikamentöse Ovulationsauslöser bei kurzen Zyklen ohne Eisprung.

Wird als Ursache ein Myom der Gebärmutter diagnostiziert, konzentriert sich die Behandlung selbstverständlich auf die Bekämpfung dieser Geschwulst.

Der regelmäßige, aber zu lange Zyklus (Oligomenorrhoe)

Diese Abweichung bedeutet, dass die Menstruationsblutung in normaler Stärke und Dauer, jedoch zu selten eintritt, wobei der Menstruationszyklus länger als 35 Tage lang ist (wieder gerechnet vom ersten Tag der einen bis zum ersten Tag der nächsten Menstruation).

Zwei bis drei Monate können bei Oligomenorrhoe zwischen den Regelblutungen liegen.

Die Oligomenorrhoe tritt häufig nach der ersten Menstruation auf, wobei oft zwei bis drei Monate zwischen den Regelblutungen liegen. Ebenfalls besonders häufig kommt es zu dieser Unregelmäßigkeit im Menstruationszyklus kurz vor der Menopause. Ebenso wie während des zu kurzen Zyklus erfolgt die Menstruation, ohne dass vorher ein Eisprung stattgefunden hat.

Homöopathische Mittel

- Trillium pendulum (niedere Verdünnung): Die amerikanische Wildlilie wird bei verfrühter, alle zwei Wochen auftretender, schmerzhafter Menstruation angewendet.
- Senecio aureus D2: Der Extrakt aus der Pflanze, einem Kreuzkrautgewächs, gilt als »weiblicher Regulator« und kommt auch bei zu kurzem Zyklus zur Anwendung.

■ Neben einer Hormonstörung auch psychische Ursachen

Die häufigste Ursache für die Oligomenorrhoe ist ein gestörter Hormonhaushalt, wobei in vielen Fällen der Eisprung nicht stimuliert wird. Mehr als bei anderen Störungen des Menstruationszyklus können bei einer Oligomenorrhoe zudem starke psychische Belastungen eine Rolle spielen. Außerdem begünstigen extreme Fastenkuren oder eine übermäßige Bildung von Fettgeweben (Fettsucht) die Verlängerung des Zyklus.

Neben einem gestörten Hormonhaushalt können starke psychische Probleme für eine Oligomenorrhoe verantwortlich sein.

■ Der Eisprung wird medikamentös angeregt

Eine ärztliche Behandlung der Oligomenorrhoe ist eigentlich nicht erforderlich, außer wenn kein Eisprung stattfindet und Kinderwunsch besteht. Es kommt auch vor, dass Frauen der zu lange Zyklus stört, weil diese Unregelmäßigkeit bestimmte Arten der Empfängnisverhütung (besonders die Temperaturmethode) ausschließt oder weil sie sich mit dieser Störung psychisch nicht wohlfühlen. Die beste Methode, den Zyklus auf das Normalmaß zu verkürzen, ist, den Eisprung anzuregen, weil nach dem Eisprung der Rest des Zyklus mit großer Wahrscheinlichkeit normal verläuft.

Der Eisprung kann durch die Verabreichung von medikamentösen Ovulationsauslösern (wie die Wirkstoffe Clomifen oder Epimestrol) innerhalb einer so genannten Ovulationsinduktion stimuliert werden.

■ Homöopathie

Senecio aureus D2 hilft. Der Pflanzenextrakt gilt als »weiblicher Regulator« und kommt auch bei zu langem Zyklus zur Anwendung.

Das gelb blühende Greiskraut (Senecio candidans) wächst auf den sandigen Böden der südamerikanischen Falklandinseln.

Die unregelmäßige Menstruation (Metrorrhagie)

Diese Sonderform bedeutet, dass der Zeitpunkt der Blutungen in keinem erkennbaren Zusammenhang zum normalen Menstruationszyklus steht, wobei sie in verschiedener Stärke, aber meistens von gleicher Dauer auftreten. Es wird in diesem Fall auch von einer Zwischenblutung gesprochen. In der weit überwiegenden Zahl der Fälle sind die unregelmäßigen Blutungen Folge einer hormonellen Störung, die keine Reifung der Follikel zulässt, sodass deshalb vom (nicht vorhandenen) Gelbkörper auch keine Hormone produziert werden.

Daraus ergibt sich, dass sich die Gebärmutterschleimhaut nicht halten kann und es zu einer so genannten Durchbruchblutung kommt, die dann völlig unabhängig vom Zyklus auftritt. Ist diese Blutung gering, wird sie auch Schmierblutung oder, bei noch geringerer Menge, Spurblutung genannt.

Metrorrhagie als Folge von organischen Störungen

Unregelmäßige Blutungen können verschiedene Ursachen haben:
- *hormonelle Störungen*
- *organische Störungen*
- *Bauchhöhlenschwangerschaft*
- *Einnahme der Pille*
- *Spirale in der Gebärmutter*

Wenn eine Hormonstörung zweifelsfrei ausgeschlossen werden konnte, richtet sich die Aufmerksamkeit des Arztes auf die Geschlechtsorgane, denn es hat sich gezeigt, dass häufig Polypen oder Entzündungen des Muttermundes bzw. Myome in der Gebärmutter eine Metrorrhagie verursachen. In seltenen Fällen kann eine unregelmäßige Menstruation auch der Hinweis auf eine bösartige Erkrankung sein. Ebenso kann sie aber auch durch eine Bauchhöhlenschwangerschaft (die Einnistung und Entwicklung des befruchteten Eis außerhalb der Gebärmutter), die Einnahme der Pille oder durch eine empfängnisverhütende Spirale in der Gebärmutter hervorgerufen werden.

Hormongabe für die Follikelreifung

Um eine adäquate Behandlung einleiten zu können, wird in den meisten Fällen zunächst eine diagnostische Ausschabung der Gebärmutter vorgenommen. Liegt eine Störung im Hormonhaushalt vor, werden normalerweise Östrogen-Progesteron-Präparate verabreicht, die die Reifung der Follikel anregen.

Bei organischen Ursachen wird sich die Therapie naturgemäß auf die Störung des betroffenen Organs konzentrieren. Treten vaginale Blutungen bei Mädchen vor der Pubertät oder bei Frauen nach der Menopause auf, muss die Ursache umgehend abgeklärt werden, um ernsthafte Erkrankungen rechtzeitig erkennen und behandeln zu können.

Unter den homöopathischen Mitteln wird Pulsatilla pratensis D3 erfolgreich bei Verspätung und absoluter Unregelmäßigkeit der einmal schmerzhaften, dann wieder schmerzlosen, meist zu schwachen Menstruation eingesetzt.

Bovista lycoperdon D3 (aus den Sporen des Riesenpilzes) kommt bei unregelmäßiger Menstruation, aber auch bei stark verfrühter und verstärkter Menstruation zum Einsatz.

Eine verspätete oder absolut unregelmäßige Menstruation kann mit Pulsatilla pratensis D3, einem homöopatischen Mittel, erfolgreich behandelt werden.

Zu starke Menstruationsblutungen (Hypermenorrhoe)

Starke Menstruationsblutungen bei einem ansonsten normalen Zyklus sind nur in den seltensten Fällen auf eine Störung des Hormonhaushalts zurückzuführen, was aufgrund der vorhandenen Regelmäßigkeit des Menstruationszyklus auch nachvollziehbar erscheint. Die Stärke des Menstruationsflusses hängt davon ab, wie viel Blut, Schleim und lose Gewebeteile sich zu Beginn des Menstruationszyklus in der Gebärmutter befinden. Ist die Blutung sehr stark, ist zu vermuten, dass Blut in der Gebärmutter vorhanden ist, das nicht aus der Gebärmutterschleim-

Pflanzliche Wirkstoffe in extremer Verdünnung sind der Kern der Homöopathie. Homöopathische Pillen und Tinkturen kommen häufig bei der Regulierung von Menstruationsstörungen zum Einsatz.

haut kommt, sondern von einer Blutung in die Gebärmutter hinein stammt.

Die Herkunft dieses zusätzlichen Blutes muss unverzüglich geklärt werden, weil der Verdacht besteht, dass Myome, Polypen oder eine Entzündung der Gebärmutterschleimhaut (Endometritis) vorliegt. Als weitere Ursache für die Hypermenorrhoe sind Erkrankungen denkbar, die mit den Geschlechtsorganen und dem System der Geschlechtshormone nichts zu tun haben: Herzerkrankungen, Nierenleiden, Bluthochdruck und nicht zuletzt Störungen bei der Gerinnung des Blutes, die – wie bei jeder anderen Blutung auch – bei der Menstruationsblutung fatale Folgen haben können. Die Behandlung einer Hypermenorrhoe kann nur Erfolg zeigen, wenn die organischen oder anderen ursächlichen Gesundheitsstörungen therapiert werden.

Hypermenorrhoe und Menorrhagie sind zwei sehr ähnliche Erscheinungen, wobei bei letzterer zur starken Blutung noch eine längere Blutungsdauer hinzu kommt.

Starke und lange Menstruationsblutungen (Menorrhagie)

Praktisch gesehen ist die Menorrhagie eine verschärfte Form der Hypermenorrhoe, denn zur starken Blutung kommt noch eine Verlängerung der Blutungsdauer hinzu. Im Gegensatz zur Hypermenorrhoe ist die Blutung bei einer Menorrhagie zwar etwas

Homöopathische Mittel

- Phosphorus D12: Die hochgiftige Substanz (der homöopathischen Lehre entsprechend extrem stark verdünnt) wird allgemein bei starken Blutungen, auch bei zu starker und langer Menstruation, angewendet.
- Calcium carbonicum D12: Wenn starke Menstruationsblutungen durch Erregung oder durch Anstrengung verursacht wurden, kann mit den Bestandteilen der Austernschale Erfolg erzielt werden.
- Erigeron canadense D6: Wenn die Menstruation stark und lang ist und durch Bewegung verstärkt wurde, ist das Kanadische Berufkraut die richtige Wahl.

weniger stark, es tritt dabei aber meistens mehr Blut wegen der längeren Blutungsdauer aus. Die Ursachen und Behandlungsmöglichkeiten sind die gleichen wie bei der Hypermenorrhoe.

Starke Schmerzen während der Menstruation (Dysmenorrhoe)

Die Dysmenorrhoe ist im allgemeinen Sprachgebrauch eher unter den Begriffen Menstruationsbeschwerden oder Periodenschmerzen bekannt. Dabei unterscheidet man zwischen einer primären und einer sekundären Erscheinungsform, und zwar in Abhängigkeit davon, ob die Schmerzen während der ersten Menstruation in der Pubertät oder im gebärfähigen Alter auftreten.

Typische Regelbeschwerden:
- *Ziehende, dumpfe oder drückende Schmerzen im Genitalbereich*
- *Krämpfe*
- *Übelkeit, Erbrechen*
- *Benommenheit bis hin zu Ohnmacht*

Typisch sind ziehende, dumpfe oder drückende Schmerzen im gesamten Genitalbereich, die sich zu starken Krämpfen steigern können. Häufig breiten sich die Schmerzen bzw. Krämpfe über den gesamten Beckenbereich hinauf ins Rückgrat und hinunter bis in die Innenseiten der Oberschenkel aus. Sie beginnen meistens direkt mit der Blutung oder haben diese schon einige Stunden vorher angekündigt. Bei manchen Frauen halten die Schmerzen während der ganzen Menstruation an, bei anderen vergehen sie nach ein bis zwei Tagen wieder. Manchmal werden die unangenehmen Begleiterscheinungen der Menstruation noch durch Übelkeit, Erbrechen, Benommenheitsgefühle und Ohnmachtsanfälle verstärkt.

■ Menstruationsschmerzen nur nach dem Eisprung

Die primäre Dysmenorrhoe hat sehr oft psychisch bedingte Ursachen, während bei der sekundären meistens organische Faktoren eine übergeordnete Rolle spielen. Es ist erwiesen, dass die sekundäre Dysmenorrhoe nur dann auftritt, wenn der Menstruation ein Eisprung vorausgegangen ist.

Dies legt die Vermutung nahe, dass die Kontraktionen der Gebärmutter nach einem Eisprung stärker sind, weil die Blutgefäße in der Gebärmutterwand enger gestellt sind. Mit dieser Engerstellung geht eine mangelnde Blutversorgung einher, die die

Krämpfe nach sich zieht. Für die stärkere Kontraktionsbereitschaft zeichnet die hormonähnliche Substanz Prostaglandin verantwortlich, die als eigentlich wehenauslösendes Mittel für alle Kontraktionen der Gebärmutter zuständig ist und diese Funktion auch zur Abstoßung der Gebärmutterschleimhaut ausübt.

▪ Konflikte und Stress können die Verursacher sein

Stress oder Frustration wegen eines unerfüllten Kinderwunsches kann zur Verkrampfung des Unterleibs und so zu Schmerzen führen.

In den Fällen, in denen die sekundäre Dysmenorrhoe erst nach Jahren ohne Menstruationsschmerzen vorkommt, liegen psychische Ursachen nahe. Diese sind meistens Konflikte im Beruf oder in der Partnerschaft, chronische Stresssituationen, auf die die Betroffene mit einer verstärkten Bereitschaft zu (Muskel-) Verkrampfungen reagiert, extreme Stressfaktoren wie der Verlust eines Menschen durch Trennung oder Tod und nicht zuletzt Probleme im Sexualleben.

Aber auch ein unerfüllter Kinderwunsch kann die Beschwerden auslösen, denn jede neue beginnende Menstruation erzeugt Frustrationsgefühle, weil es schon wieder nicht geklappt hat und alles Hoffen vergeblich war. Dieses Gefühl der Minderwertigkeit kann so tief sein, dass eine Verkrampfung des gesamten Unterleibs und damit verstärkte Kontraktionen der Gebärmutter ausgelöst werden können.

▪ Unbedingt vom Frauenarzt untersuchen lassen

Es besteht allerdings die Gefahr, dass bestehende seelische Konflikte den Blick für gefährliche organische Ursachen verstellen. Eine vorsorgliche gynäkologische Untersuchung sollte für die von Menstruationsbeschwerden Betroffene selbstverständlich sein, denn im Hintergrund lauert die Möglichkeit, dass die Auslöser ernst zu nehmende organische Erkrankungen sind, wie die Endometriose (womit das Wachsen von Gebärmutterschleimhaut außerhalb der Gebärmutter gemeint ist), die Adenomyosis uteri (das Eindringen von Gebärmutterschleimhaut in die Gebärmuttermuskulatur) sowie die Bildung von Myomen und Ovarialzysten.

Stresssituationen wie die Überforderung durch Haushalt und ein Baby können die Ursache für schmerzhafte Verkrampfungen des Unterleibs während der Menstruation sein.

Gegebenenfalls kann auch die empfängnisverhütende Spirale in der Gebärmutter die Schmerzen hervorrufen.

Den Eisprung mit der Pille hemmen

Dass die Ursache auch bei der Dysmenorrhoe die Behandlungsmethode bestimmt, braucht wohl nicht weiter ausgeführt zu werden. Liegen keine konkreten Störungen vor, kann der Eisprung und damit die darauf folgenden Kontraktionsschmerzen mit Ovalutionshemmern unterdrückt werden, weshalb Frauen, die die Pille nehmen, meistens kaum unter Menstruationsbeschwerden leiden. Alternativ dazu kann die Bildung von Prostaglandinen in der Gebärmutterschleimhaut medikamentös gehemmt werden (mit den Wirkstoffen Indomatezin, Ibuprofen und Naproxen, die eigentlich gegen Rheuma eingesetzt werden), wobei die schmerzlindernde bzw. schmerzunterdrückende Wirkung dieser Stoffe ihr Übriges tut.

Kontraktionsschmerzen, die auf den Eisprung folgen, können mit so genannten Ovalutionshemmern unterdrückt werden.

Es versteht sich von selbst, dass ausschließlich die zuletzt genannte Methode Frauen zu empfehlen ist, die schwanger werden wollen und sich deshalb nicht einer künstlichen Hemmung des Eisprungs unterziehen wollen.

Homöopathische Mittel

- Colocynthis D12: Wird gegen jede Art von kolikartigen Schmerzen, auch bei Menstruationsschmerzen erfolgreich angewendet.
- Chamomilla D6: Hat Erfolge bei heftigen Schmerzen in der Gebärmutter mit Abgang dunklen, klumpigen Blutes gezeigt.
- Magnesium phosphoricum D12: Kolikartige Schmerzen vor und während der Menstruation wurden mit der Magnesiumverbindung erfolgreich bekämpft.

Warme, zehnminütige Sitzbäder (36–38 °C) mit Zusätzen aus Schafgarbe oder Melisse lindern Menstruationsschmerzen.

- Wärme: Ein warmes Bad – eventuell mit Kräuterzusätzen – wirkt manchmal Wunder, denn es kann beispielsweise die Krämpfe lösen, und oft verspürt man eine Erleichterung der Schmerzen. Auch eine Wärmflasche oder ein Wärmekissen, auf den Unterbauch gelegt, ist ein wirksames Mittel gegen Menstruationsschmerzen.
- Starkes alkoholisches Getränk: Bei manchen Frauen entkrampft sich die Gebärmuttermuskulatur durch ein starkes alkoholisches Getränk, wie beispielsweise einem Fernet Branca oder Enzian.
- Tiefes Durchatmen und Massieren des Rückens: Entspannungsübungen, wie sie auch bei bestimmten Formen der Geburtsvorbereitung angewendet werden, können ebenso helfen wie spezielle Yogaübungen. Auch autogenes Training kann Erleichterung verschaffen.
- Sport: Es ist nicht notwendig, normale körperliche Anstrengungen zu vermeiden, denn nicht wenige Frauen finden im Gegenteil Joggen oder Tennisspielen wohltuend.
- Sexuelle Befriedigung: Ein Orgasmus – vermutlich durch die erhöhte Blutzufuhr im Beckenbereich – verschafft Erleichterung der Schmerzen.
- Ernährung: Eine ausgewogene Kalzium- und Magnesiumgabe (500 mg Kalzium und 250 mg Magnesium) in Form von Pulver oder Brausetabletten kann gegen die Schmerzen und

Beschwerden während der Menstruation helfen. Dazu ist aber unbedingt die Aufnahme von Vitamin A, C und D notwendig, weil nur mit diesen Vitaminen die Aufnahme von Kalzium in den Körper wirksam möglich ist. Eine ballaststoffreiche Ernährung (am besten Vollkornprodukte, rohes Obst und Gemüse) kann mit ihrem natürlich abführenden Effekt eine Verstopfung verhindern, die oft mit einer Dysmenorrhoe einhergeht.

Eine ausgewogene Ernährung mit ausreichend Kalzium und Magnesium, in Kombination mit bestimmen Vitaminen, hilft bei Menstruationsbeschwerden.

- Pflanzen: Menstruationsbeschwerden können auch mit Pflanzen in geeigneter Zubereitung gemindert werden: Ein Aufguss aus Himbeerblättern (Rubus idaeus) zusammen mit Fingerkraut (Potentilla reptans) kann Linderung für milde Krämpfe bringen.

Schmerzhaftere Krämpfe verlangen die Einnahme von Schneeballkapseln (Viburnum opulus) zusammen mit Himbeerblättertee.

Außerdem werden bei Menstruationsschmerzen Aufgüsse aus Zitronenmelisse (Melissa officinalis), Kamille (Matricaria recutita), Römischer Kamille (Anthemis nobilis), Beifuß (Artemisia vulgaris) oder Herzgespann (Leonurus cardiaca) erfolgreich eingesetzt.

Frisches Obst und Gemüse lindern Menstruationsbeschwerden: Ihre Ballaststoffe verhindern eine Verstopfung, die oft mit Regelschmerzen einhergeht, die Vitamine ermöglichen die Aufnahme des wohltuenden Kalziums in den Körper.

Das Ausbleiben der Menstruation im gebärfähigen Alter (sekundäre Amenorrhoe)

Grundsätzlich gilt: Wenn die Regel ausbleibt, sollte zunächst die Möglichkeit einer Schwangerschaft geprüft werden.

Als sekundäre Amenorrhoe wird das Ausbleiben der Menstruationsblutung im gebärfähigen Alter für länger als drei Monate bezeichnet, wenn der Menstruationszyklus vorher regelmäßig war. Bevor an eine sekundäre Amenorrhoe gedacht werden kann, ist selbstverständlich die Möglichkeit einer Schwangerschaft zu überprüfen. Zugleich sollte bei einer Frau über 40 eine verfrühte Menopause in Erwägung gezogen werden. Besteht bei der Betroffenen ein Kinderwunsch und konnten die beiden eben erwähnten Möglichkeiten ausgeschlossen werden, sollte dem Ausbleiben der Menstruation auf jeden Fall auf den Grund gegangen werden.

■ Nicht nur Hormonstörungen stoppen die Menstruation

Auf die Ursachen und die Behandlungsmöglichkeiten einer Amenorrhoe sind wir im Rahmen der primären Amenorrhoe bereits ausführlich eingegangen (siehe Seite 57). Um den Verdacht auf Gebärmutterkrebs zweifelsfrei auszuschließen, wird der Arzt eine Gewebeuntersuchung der Gebärmutterschleimhaut vornehmen. Doch sollte man nicht gleich mit dem Schlimmsten rechnen! Wahrscheinlicher ist es, dass eine Hormonstörung vorliegt, die bei sorgfältiger Diagnose durchaus therapiert werden kann. Abgesehen davon, können folgende Faktoren eine sekundäre Amenorrhoe auslösen:

- Zerstörung der Hypophyse durch eine starke Blutung und/oder Schock bei sehr schwieriger Geburt mit Sauerstoffman-

Emmenagogum

Emmenagogum ist ein übergeordneter Begriff für ein die Menstruation regulierendes und ihren Beginn förderndes pflanzliches oder chemisches Mittel; pflanzliche Stoffe werden traditionell aus Muskat, Nelken, Rosmarin, Anis, Safran, Senf und aus apiolhaltigen Ölen (z. B. aus der Petersilie) hergestellt.

gel der Mutter durch starken Blutverlust (das so genannte Sheehan-Syndrom)
- Verklebungen oder Verwachsungen der Gebärmutterschleimhaut durch mehrere nicht sorgfältig ausgeführte Ausschabungen aus diagnostischen Gründen (Asherman-Syndrom)
- Zysten und/oder Tumore der Eierstöcke
- Nebenwirkungen von Medikamenten einschließlich der Pille
- Starker Gewichtsverlust
- Extreme sportliche Aktivitäten (Hochleistungssport)

Amenorrhoe nach der Schwangerschaft

Auch nach einer Geburt und dem Stillen kann eine Amenorrhoe auftreten, etwa wenn die Hypophyse weiterhin das Milchbildungshormon Prolaktin bildet, obwohl der Hypothalamus wegen des mangelnden Bedarfs schon längst das Signal zur Einstellung der Produktion hätte geben müssen. Bis zu sechs Wochen und länger kann nach dem Abstillen die Menstruation ausbleiben. Aber auch Mütter, die nicht gestillt haben, müssen mitunter mehr als drei Monate auf das Wiedereinsetzen der Menstruation warten. Diese Störung löst sich allerdings meistens von selbst. Erst wenn die Menstruation hartnäckig ausbleibt, sollte dieser Missstand durch die Gabe von Hormonen behoben werden.

Die Menstruation kann nach dem Abstillen bis zu sechs Wochen und länger ausbleiben. Dieses Problem löst sich meist mit der Zeit von selbst.

Hormone bringen die Menstruation wieder in Fluss

Die Menstruation kann durch die Verabreichung von Progesteron angeregt werden, was allerdings für den gesamten Haushalt der Geschlechtshormone nicht sinnvoll ist. Denn durch die Komplexheit des Hormonsystems kann es durch einen kleinen Anstoß an der einen Stelle zu unvorhersehbaren Folgen an einer anderen kommen. Deshalb wird in der Regel gleichzeitig an der Stelle mit-»reguliert«, an der die Folgen am wahrscheinlichsten auftreten. Man fügt also dem Progesteron gleich Östrogene und auch Ovulationsauslöser hinzu, um den Eisprung mit anzustoßen und damit das Hormongleichgewicht zu erhalten.

Körper und Psyche einer Frau können jeden Monat zwischen Eisprung und Einsetzen der Menstruation starken Belastungen ausgesetzt sein.

Das prämenstruelle Syndrom (PMS)

So unterschiedlich Frauen in Persönlichkeit, Figur und Gewicht sind, so verschieden können auch die Begleiterscheinungen im Verlauf des Zyklus sein. Dabei wird vor allem das Einsetzen der Menstruation von den einen mehr, von anderen als weniger stark belastend erlebt. Unter dem Oberbegriff »prämenstruelles Syndrom«, kurz PMS, werden über 150 verschiedene Beschwerden zusammengefasst, an denen Frauen jeden Monat zwischen Eisprung und Einsetzen der Menstruation leiden können. Manche Beschwerden äußern sich körperlich, andere psychisch oder durch Verhaltensänderungen.

Ein komplexes Krankheitsbild

Das prämenstruelle Syndrom wurde vor nicht allzulanger Zeit von vielen Ärzten noch als nicht existent oder gar als übertriebene Reaktion von Frauen kurz vor dem Einsetzen der Menstruation abgetan. Vor allem Symptomkombinationen von psychischer Unausgeglichenheit und körperlichem Unwohlsein ohne nachweisbaren organischen Befund irritierten die Mediziner. Die Folge: Die Frauen blieben ihrem Problem hilflos ausgeliefert, weil ihre Beschwerden kurzerhand als nicht behandlungsdürftig eingestuft wurden.

Das prämenstruelle Syndrom ist zwar keine echte Erkrankung, doch ist es mit Sicherheit eine Befindlichkeitsstörung.

Inzwischen weiß man, dass das prämenstruelle Syndrom wenn nicht gar als regelrechte Krankheit, so doch auf jeden Fall als ernst zu nehmende Befindlichkeitsstörung zu behandeln ist. Mit anderen Worten: Man hat die psychischen und physischen »Spannungszustände« nunmehr als einheitliches Beschwerdebild anerkannt.

Symptome einer realen Krankheit

Seit Mitte der achtziger Jahre gibt es eine umfangreiche Auflistung von Symptomen, die mit PMS in Zusammenhang gebracht werden können. Dabei hat sich herausgestellt, dass keine Frau unter allen Beschwerden gleichzeitig leidet. Dennoch kann jede Frau individuelle Symptome ausmachen, die regelmäßig wenige Tage vor Beginn der Blutung auftreten und ihr seelisches und körperliches Befinden stark beeinträchtigen.

Bei etwa 80 Prozent der Frauen zwischen Pubertät und Menopause erscheint mindestens ein Symptom des PMS regelmäßig jeden Monat etwa zur selben Zeit.

Auf der psychischen Ebene kann es zu folgenden Beschwerden kommen:

- Reizbarkeit, Wutausbrüche, Verminderung des Selbstwertgefühls, das Gefühl, verletzlicher als sonst zu sein
- Depressionen mit Müdigkeit, Schlafstörungen, unvermittelte Tränenausbrüche
- Konzentrationsschwäche, Vergesslichkeit und Koordininierungsschwierigkeiten
- Essstörungen und Essgelüste mit Appetitlosigkeit und Heißhungerphasen

Physische Auswirkungen können sein:

- Wassereinlagerungen in den Brüsten und Beinen
- Herzklopfen und Herzrhythmusstörungen
- Starke Spannungsgefühle in der Brust, Brustschwellungen und Brustschmerzen
- Überempfindlichkeit der Augen, des Gehörs und des Geruchs
- Aufgedunsener Unterleib
- Störungen des Verdauungstrakts, die sich oftmals durch Verstopfung äußern
- Hautunreinheiten und Akne
- (Spannungs-)Kopfschmerzen bis hin zur Migräne

Theoretisch können die genannten Symptome natürlich jederzeit auftreten, was Kritiker denn auch dazu bewogen hat, das Phänomen PMS als haltlose Diagnose abzulehnen. Immerhin hat sich gezeigt, dass bestimmte Symptomkombinationen bei einigen Frauen immer wieder und mit nahezu gleichbleibender Heftigkeit auftreten – und zwar unmittelbar vor Beginn der Menstruation.

Und wieder sind die Hormone an allem schuld!

Auch wenn bis heute noch nicht endgültig geklärt ist, ob die hormonellen Veränderungen für das prämenstruelle Syndrom verantwortlich sind, spricht doch einiges dafür, dass vor allem die in der zweiten Zyklushälfte stattfindenden hormonellen Prozesse offenbar bestimmte Beschwerden auslösen können.

Doch bevor wir eindeutig den Hormonen die Schuld für PMS geben, sollten wir den hormonellen Ablauf in dieser Phase näher betrachten. Daher gilt unsere Aufmerksamkeit jetzt der Gelbkörperphase des Zyklus, denn sie findet in den letzten zwei Wochen vor Beginn der Menstruation statt.

■ Gefahr der Unordnung beim Absinken der Hormonspiegel

Als Hauptursache der Beschwerden gelten die hormonellen Umstellungen zwischen dem Eisprung und dem Abstoßen der Gebärmutterschleimhaut – der Östrogenspiegel sinkt, der Progesteronspiegel steigt.

Der Gelbkörper bildet sich, wie schon erwähnt, aus der Hülle (dem Follikel), die das Ei nach dem Eisprung leer zurückgelassen hat. Dies hat zur Folge, dass die Hormone LH und FSH einen raschen Sturz ins Nichts erleben, während die Östrogene zum Zeitpunkt des Eisprungs absinken. Dank der Nachproduktion im Gelbkörper steigen sie wieder leicht an, sodass sie ihr Niveau bis kurz vor der Menstruation halten können.

Die Hauptaufgabe des Gelbkörpers ist es aber bekanntlich nicht, Östrogene zu produzieren, sondern Gestagene, sodass die Menge an Progesteron (ein Gestagen) in dieser Phase ständig ansteigt. Etwa eine Woche vor der Menstruation beginnt sich der Gelbkörper abzubauen, womit zwangsläufig die schrittweise Einstellung der Progesteron- und Östrogenbildung einhergeht. Entsprechend sinkt auch der Östrogenspiegel ab, wenn auch nur in geringem Maße, denn Östrogene werden ja auch weiterhin von den Fettgeweben gebildet.

Dennoch kommt es genau in dieser Phase – gegen Ende des Menstruationszyklus – zu einer gewissen Instabilität im System der Geschlechtshormone, denn die Hormonspiegel fallen alle mehr oder weniger deutlich ab, wobei die absolute Ordnung im Abbau nicht immer gewährleistet ist.

■ Eine Störung des Gelbkörpers als Lösungsansatz

In diesen letzten Tagen ist also Tür und Tor geöffnet für Einflüsse, die den nicht mehr ganz so stabilen Haushalt der Geschlechtshormone durcheinander bringen könnten. Dass dies bei einigen Frauen wohl eindeutig der Fall ist, ergibt sich aus der Tatsache, dass die Symptome des PMS alle in dieser Zeit geballt auftreten, wobei jedes einzelne durch die aktuelle Hormonsituation begründet werden könnte.

Weil aber dieser Erklärungsansatz bis heute medizinisch nicht schlüssig bewiesen werden konnte, hat die Hormonforschung einige bemerkenswerte Theorien aufgestellt: Weil die Probleme in der Gelbkörperphase auftreten, liegt der Verdacht nahe, dass die Produktion und Funktion des Gelbkörpers nicht immer reibungslos verläuft.

Zwei Theorien hat die Hormonforschung aufgestellt, um das PMS zu begründen: Entweder funktioniert die Produktion des Gelbkörpers nicht reibungslos, sodass er nicht einwandfrei arbeitet, oder er ist geschwächt und produziert dadurch zu wenig Progesteron.

So ist denkbar, dass in einem Zyklus zu wenig LH von der Hypophyse ausgeschüttet wird und deshalb die Qualität des produzierten Gelbkörpers zu wünschen übrig lässt, was sich natürlich auf die Qualität seiner Produkte (vor allem das Progesteron) ebenfalls negativ auswirkt. Oder der Gelbkörper weist eine so genannte Korpus-luteum-Insuffizienz auf, durch die er weniger oder zu langsam Progesteron produziert, was nicht nur zu PMS-Symptomen führen kann, sondern – wenn es nicht ein einmaliger Ausrutscher während eines Zyklus war – auch die Unfruchtbarkeit der Frau zur Folge hat. Denn es findet dann auch keine zyklusgerechte Umwandlung der Gebärmutterschleimhaut statt, sodass sich dort kein Ei einnisten kann. Dieses Phänomen ist übrigens an der Basaltemperaturkurve abzulesen: Die Temperatur steigt infolge der schlechten Progesteronproduktion um den 14. Tag nicht sprunghaft, sondern nur langsam, in der Grafik also treppchenweise an.

Östrogene bekommen zu ungünstiger Zeit die Oberhand

Zeigt der Gelbkörper also eine der geschilderten Schwächen oder gerät der Progesteronspiegel beim Absinken der Hormonspiegel in den letzten Tagen vor der Menstruation unter den der Östrogene, so zeigen sich die unerwünschten Effekte eines Östrogenüberschusses zur ungünstigen Zeit: Wasserablagerungen in Brüsten und Beinen, ein aufgedunsener Unterleib, Brustschwellungen und Brustschmerzen (dies ist eine Folge des Prolaktins, das ansteigt, wenn Östrogene die Oberhand gewonnen haben) sind die unangenehmen Begleiterscheinungen.

Auf diese Weise ergäbe sich ein schönes Modell, wenn es nicht noch so viele andere Faktoren geben würde, die auf den Geschlechtshormonhaushalt einwirken. Spätestens an diesem Punkt beginnt das große Rätselraten, denn die Zusammenhänge zwischen Stoffwechsel, psychischen Einflüssen (wie Stress, Ärger, Trauer, Sexualprobleme, Freude, Zufriedenheit usw.), Umweltbelastungen und Hormonen weiß heute noch niemand eindeutig zu bestimmen.

PMS – auch der Kopf spielt mit

Um es nochmals zu betonen: Psychische Veränderungen kurz vor dem Einsetzen der Menstruation, wie etwa eine größere Empfindsamkeit oder allgemeines Unwohlsein, sind normal und daher kein Grund zur Besorgnis. Bisweilen kommt es jedoch vor, dass eine Frau ihrer Weiblichkeit nicht unbelastet gegenübersteht, sodass auch der eigentlich natürliche Ablauf von Zyklus und Menstruation negativ erlebt wird. So rebellieren ihre Seele und Körper Monat für Monat, zumindest unterbewusst, gegen diesen Rhythmus der Weiblichkeit!

In seltenen Fällen kann das PMS die Psyche so stark beeinflussen, dass die Frau während der prämenstruellen Phase unbewusst kriminelle Handlungen wie Ladendiebstahl oder Körperverletzungen begeht.

Kein Wunder, dass sich die Betroffene von der immer wiederkehrenden Regel vielleicht derart belästigt fühlt, dass sie sämtliche Begleiterscheinungen, die mit der Menstruation einhergehen, am liebsten wegwünschen würde. Schon in Erwartung des lästigen Anfangs beginnt sie sich bereits einige Tage vorher unwohl zu fühlen, und es kann sogar sein, dass sie ein richtiges psychisches Tief durchmachen muss.

Dies kann durchaus zu körperlichen Beschwerden führen, denn manche Bereiche des Körpers reagieren äußerst empfindlich auf Gemütsschwankungen und seelische Belastungen. Diese

Beeinträchtigungen können wiederum auf das sensible Stoffwechsel- und Hormonsystem Einfluss nehmen, sodass es im Verlauf des Zyklus tatsächlich zu hormonellen Störungen kommen kann, ohne dass der Organismus die Möglichkeit hätte, dagegen zu steuern. So entsteht ein Teufelskreis, der – auf körperlicher Ebene – durch das Einsetzen der Menstruation zwar zunächst einmal wieder unterbrochen wird. Doch solange sich die Einstellung der Frau nicht verändert, solange steht zu befürchten, dass sich mit dem ersten Tag des neuen Zyklus die Grundproblematik auf fatale Weise wiederholt.

Im Verlauf des Regelzyklus kann es zu hormonellen Störungen kommen.

PMS lässt sich lindern

Eine Reihe von Maßnahmen helfen dabei:

- Verzicht auf Kaffee, Nikotin und Alkohol
- Allgemein belastende Lebensumstände verringern, etwa Konflikte in Arbeit und Familie klären
- Entspannungstechniken (autogenes Training, Meditation, Yoga, Muskelentspannung nach Jacobson, Biofeedback)
- Akupressur und Akupunktur
- Homöopathische Mittel wie Calcium carbonicum D12 und Pulsatilla pratense D12

Entspannungstechniken, z. B. autogenes Training und Yoga, sind hilfreich, um das PMS zu lindern.

Zeit für Zärtlichkeit – bis der Kinderwunsch da ist, haben Paare viele Möglichkeiten zur Verhütung.

Empfängnisverhütung mit Hormonen

Die Empfängnisverhütung mit Hilfe von Ovulationshemmern in Form der Antibabypille ist, trotz aller Negativ-Schlagzeilen, nach wie vor die beliebteste Methode. Ihre Favorisierung hat vor allem zwei Gründe: Zum einen ist die Pille das anerkannt sicherste Verfahren zur Verhütung einer Schwangerschaft, die im so genannten Pearl-Index mit einem Wert von 0,5 eingestuft wird.

Zum Vergleich: die Temperaturmethode liegt bei 1, Kondome liegen bei 3, das Scheidendiaphragma in Verbindung mit einem chemischen Mittel bei 4, der Koitus Interruptus bei 16 und als abschreckendes Beispiel die Scheidenspülung bei 36. Zum anderen schätzen viele schon allein deshalb diese Verhütung in Tablettenform, weil sie relativ bequem ist und der Sexualakt nicht unterbrochen werden muss.

Der Pearl-Index wurde benannt nach dem amerikanischen Biologen R. Pearl (1879–1940). Er gibt die Versagerquote einer empfängnisverhütenden Methode an, also mit wie vielen ungewollten Schwangerschaften innerhalb von 1200 Zyklen gerechnet werden muss.

Synthetische Hormone greifen in den Zyklus ein

Die Pille hemmt den Eisprung (= Ovulation, daher auch die Bezeichnung Ovulationshemmer), wodurch die Freisetzung einer befruchtungsfähigen Eizelle verhindert wird. Um diesen Effekt zu erreichen, enthalten die Tabletten Östrogene und Gestagene in synthetischer Form, die den Hypothalamus und die Hypophyse daran hindern, das follikelstimulierende Hormon (FSH) auszuschütten. Im Eierstock kann dadurch keine Follikelreifung und kein Eisprung stattfinden. Damit wird naturgemäß auch die Bildung eines Gelbkörpers verhindert, sodass auch keine Progesteronproduktion erfolgen kann und die Gebärmutterschleimhaut nicht aufnahmefähig gemacht wird. Zugleich wird am Gebärmutterhals die Produktion des durchlässigen Zervixschleims durch die zugeführten Hormone unterbunden. Das Eindringen der Samenzellen in die Gebärmutter wird auf diese Weise erschwert bzw. unmöglich gemacht.

Anti-Androgene bekämpfen männliche Attribute

Bei der Zusammensetzung der synthetischen Hormone werden die Substanzen Ethinylestradiol und Mestranol als »Östrogenersatz« verwendet. Die Gestagene, die die Rolle des Progesterons simulieren sollen, werden in acht verschiedenen synthetischen Substanzen angewendet, von denen zwei (Chlormadinonazetat, beispielsweise in den Präparaten Eunomin und Neo-Eunomin, und Kyproteronazetat in den Präparaten Diane 35 und Gestamestrol N) zusätzlich eine anti-androgene, also gegen männliche Hormone gerichtete Wirkung besitzen, was vor allem für Frauen hilfreich ist, die an schwerer Akne leiden und an denen eine männliche Körperbehaarung zu erkennen ist.

Variationen der Pille für jeden Frauentyp

Die Pille gibt es in verschiedenen Ausführungen, die sich im Hormongehalt und im Verhältnis der einzelnen Hormone zueinander unterscheiden.

Um den verschiedenen Anforderungen gerecht werden zu können, ist die Pille in unterschiedlichen Variationen auf dem Markt:

- 1-Phasen-Präparate zeichnen sich durch einen geringen Anteil an Östrogenen aus, was die Verträglichkeit der Pille für manche Frauen verbessert. Sie verdanken ihre Bezeichnung einer gleichmäßigen Gestagen-Östrogen-Mischung, die über die gesamte Einnahmedauer eingenommen wird.
- 2-Phasen-Präparate teilen den Menstruationszyklus in zwei Teile, wobei in der ersten Phase bis zum siebten Einnahmetag nur Östrogen und in der zweiten eine Östrogen-Gestagen-Mischung gegeben wird.

  Die 2-Stufen-Präparate enthalten bereits in der ersten Phase (bis zum elften Einnahmetag) einen niedrigen Gestagenanteil, was sie von den 2-Phasen-Präparaten unterscheidet.

Beide Typen sind im Allgemeinen verträglicher als die 1-Phasen-Präparate, weil sie weniger Nebenwirkungen haben. Die Blutung nach der letzten Pille im Zyklus entspricht in ihrer Dauer und Stärke etwa einer normalen Menstruation. Eine Schrumpfung der Gebärmutter, die häufige Folge längerer Hormoneinnahmen, ist selten. Deshalb empfiehlt sich dieser Typ des Ovulationshemmers besonders für sehr junge Frauen, die einen unregelmäßigen Zyklus haben und/oder deren Gebärmutter noch unterentwickelt ist – sie sollten aber regelmäßig einen Eisprung haben.

Am besten an den natürlichen Zyklusverlauf angepasst sind die so genannten 3-Stufen-Präparate.

- Die 3-Stufen-Präparate sind noch am meisten dem natürlichen Verlauf eines Zyklus angepasst. In den ersten sechs Einnahmetagen wird eine niedrig dosierte Kombination aus Östrogen und Gestagen verabreicht, in den darauf folgenden fünf Tagen werden Tabletten mit einer höher dosierten Kombination beider Hormone genommen, und in den letzten zehn Tagen wird eine Kombination von niedrigerem Östrogen- mit einem höheren Gestagenanteil gegeben.
  In den 3-Stufen-Präparaten kommt als Östrogenanteil nur Ethinylestradiol, als Gestagen kommen Norethisteron und Levonorgestrel zum Einsatz.

Die Pille nicht zu früh einnehmen!

Nach dem Eintreten der ersten Menstruation nach der Pubertät sollten mindestens sechs Zyklen abgewartet werden, bis die Pille als Mittel der Empfängnisverhütung angewandt wird. Das darin enthaltene Östrogen beendet unweigerlich das Knochenwachstum, weil damit die so genannten Epiphysenfugen der Knochen geschlossen werden, was schwerwiegende Folgen haben kann, wenn der Wachstumsprozess noch gar nicht abgeschlossen war. Denn die meisten Frauen erreichen ihre endgültige Größe erst kurz nach dem Eintritt der Menarche, also der ersten Regelblutung, was den notwendigen »Sicherheitsabstand« von sechs Monaten plausibel macht.

Die Anteile in den verschiedenen Präparaten sind unterschiedlich, was dem Arzt die Möglichkeit eröffnet, eine Pille möglichst dem Typ der Frau entsprechend zu verschreiben. Bei gleichzeitig sehr niedrigem Östrogen- und Gestagenanteil ist allerdings die Garantie für eine sichere Empfängnisverhütung nur dann gegeben, wenn die Einnahmevorschriften genau befolgt werden. Dabei muss nicht nur darauf geachtet werden, dass die Pille täglich zu einer bestimmten Zeit, sondern auch in der richtigen Reihenfolge eingenommen wird, was aber wegen der klaren Markierung und Anordnung der in die Verpackung eingeschweißten Pillen nicht kompliziert sein sollte.

■ Ovulationshemmer mit 28 Pillen enthalten Plazebos

Die Einnahme der ersten Pille geschieht immer am ersten Tag der Menstruation. Völlig unabhängig von den kommenden Blutungen wird mit einer neuen Packung, also mit dem neuen Zyklus, exakt nach dem 28. Tag begonnen. In den letzten sechs bis sieben Tagen des Zyklus werden keine Hormone verabreicht, weshalb die Pille in den meisten Fällen in Packungen mit 21 oder 22 Tabletten angeboten wird.

Um durch die Einnahmepause zwischen dem 22. und dem 28. Tag nicht mit dem Einnahmerhythmus durcheinander zu kommen, werden die Ovulationshemmer auch in Packungen mit 28 Tabletten angeboten, was den Vorteil hat, dass die tägliche »Einnahmezeremonie«, die das Vergessen verhindern soll, nicht unterbrochen zu werden braucht. Die letzten sechs Pillen sind dementsprechend Plazebos, das bedeutet, dass sie keinen Wirkstoff enthalten.

Die Wirksamkeit der Pille ist nicht mehr gewährleistet bei:
- *Vergessen der Einnahme*
- *Erbrechen oder Durchfall in den ersten drei Stunden nach der Einnahme*

■ Die Wirksamkeit kann eingeschränkt sein

Die empfängnisverhütende Sicherheit der Pille geht unter Umständen dann verloren, wenn in den ersten drei Stunden nach der Einnahme erbrochen wird oder Durchfall eintritt. Dann kann es sein, dass die eben eingenommenen Hormone noch nicht über den Verdauungstrakt in das Blut gelangen konnten, sondern ausgeschieden wurden. Der daraus resultierende Hormonmangel im Hormonsystem während eines Zyklus kann den Empfängnisschutz aufheben. Das gleiche kann bei unsachgemäßer Einnahme oder einer versehentlichen Verlängerung der Einnahmepause eintreten.

Wechselwirkung mit Medikamenten

Lesen Sie die Packungsbeilage aufmerksam durch, oder fragen Sie Ihren Arzt, ob sich der Wirkstoff der Pille mit einem Medikament, das Sie einnehmen müssen, verträgt.

Ebenfalls einschränkend auf die Wirkung des Verhütungsmittels können einige Medikamente sein, die gleichzeitig mit dem Ovulationshemmer eingenommen werden. Gültig für:

- In Schlaf- und Beruhigungsmitteln enthaltene Barbiturate
- Die gegen Epilepsie wirksamen Substanzen Barbexaklon, Karbamazepin, Phenytoin und Primidon
- Das gegen Tuberkulose wirksame Rifampizin
- Breit wirkende Antibiotika

Pillenpause bei Kinderwunsch?

Wenn eine Frau, die die Pille einnimmt, ein Kind bekommen möchte, wird sie diese naturgemäß absetzen. Ob dann schon bald die gewünschte Schwangerschaft eintritt oder ob der Organismus erst einmal einige Zeit benötigt, um seinen Hormonhaushalt wieder optimal einzustellen, ist individuell verschieden: Manche Frauen sehen bereits innerhalb kürzester Zeit Mutterfreuden entgegen, andere müssen sich noch einige Monate in Geduld üben. Grundsätzlich gilt: Selbst Frauen, die jahrelang die Pille eingenommen haben, sind normalerweise noch fruchtbar.

Dennoch empfehlen einige Ärzte, die Pille mindestens drei Monate vor der gewünschten Empfängnis abzusetzen. Bleibt die Menstruation länger als sechs Monate aus, ist dies meistens auf andere Gründe zurückzuführen, die durch eine gründliche Untersuchung selbstverständlich abgeklärt werden sollten.

Welche Frauen sollten die Pille nicht nehmen?

Orale Ovulationshemmer sollten in den folgenden Situationen auf keinen Fall eingesetzt werden:

- Bei hormonbedingt wachsenden Tumoren wie Brustkrebs, Gebärmutterkrebs oder Eierstockkrebs
- Bei gehäuften Zyklen ohne Eisprung
- Bei schweren Leber- und Gallenerkrankungen
- Bei Herzerkrankungen
- Nach Thrombosen oder Embolien
- Bei erhöhten Blutfetten (Hyperlipidämie)
- Bei einer Sichelzellenanämie, einer besonderen Form der Blutarmut

Auch bei den folgenden Funktionsstörungen ist die Pille nicht empfehlenswert: bei vorausgegangener Venenentzündung, starken Krampfadern, Migräne, multipler Sklerose, Epilepsie, Bluthochdruck, Zuckerkrankheit, Tetanie, Porphyrie, Otosklerose und Neigung zu verstärkter Pigmentierung.

Ungünstige und günstige Nebenwirkungen

Unter zehn Prozent der Frauen, die die Pille einnehmen, klagen über unangenehme Nebenwirkungen. Diese hängen von der jeweiligen Östrogen- und Gestagenmenge ab, die während des Zyklus verabreicht wird.

Nebenwirkungen bei der Einnahme von oralen Ovulationshemmern treten vor allem dann auf, wenn die individuell richtige Hormondosis überschritten oder unterschritten wird. Die häufigsten Nebenwirkungen sind Nervosität, Kopfschmerzen, Gewichtszunahme, Schlaflosigkeit, verstärkte Beschwerden durch bereits vorhandene Krampfadern, Müdigkeit, Spannungsgefühl in den Brüsten, Veränderung der Libido, Übelkeit und depressive Verstimmung.

Die meisten Frauen vertragen die Pille sehr gut, nur bei weniger als zehn Prozent der Anwenderinnen sind Nebenwirkungen zu beobachten.

Zunächst ist es nicht notwendig, sofort auf ein anderes Präparat zurückzugreifen, denn der körpereigene Hormonhaushalt muss sich erst auf die künstlich zugeführten Hormone einstellen. Oftmals klingen daher die Beschwerden schon nach einigen Zyklen wieder ab. Erst wenn nach drei Monaten keine sichtbare Besserung eintritt, sollte eine andere Hormondosierung gewählt werden.

Haben sich durch die Einnahme der Pille Krampfadern gebildet, dann sollte unbedingt auf ein anderes Verhütungsmittel zurückgegriffen werden.

Etwas anderes ist es, wenn sich durch die Einnahme der Pille Krampfadern gebildet haben oder wenn es durch bereits bestehende zu starken Schmerzen kommt. Dann sollte auf die Pille als Verhütungsmethode grundsätzlich verzichtet werden. Dies gilt natürlich auch für den Fall, dass andere Symptome auch nach einem Wechsel des Präparats weiterhin bestehen bleiben. Letztlich liegt es jedoch im Ermessen der Betroffenen, ob sie zugunsten der Empfängnisverhütung vergleichsweise harmlose Beschwerden wie Gewichtszunahme oder leichte Übelkeit am Morgen billigend in Kauf nimmt.

■ Risiko bei starkem Nikotinkonsum und Übergewicht

Ein nicht zu unterschätzendes Risiko gehen starke Raucherinnen und Frauen mit Übergewicht besonders mit einer Pille ein, die eine niedrige Östrogendosierung enthält, wie sie vor allem in der so genannten Minipille vorkommt. Denn die Gefahr, Gefäß- oder Herzerkrankungen zu erleiden, kann durch die Kombination von Rauchen und Übergewicht mit niedrig dosierten Pillen extrem erhöht werden.

Eine Untersuchung durch die Weltgesundheitsbehörde (WHO) im Herbst 1995 hat ergeben, dass es bei derartigen Voraussetzungen

Niedrig dosierte Pillen erhöhen in Kombination mit Rauchen die Gefahr von Gefäß- oder Herzerkrankungen.

zungen verstärkt zu Thrombosen, Embolien, Schlaganfällen und Herzinfarkten kommen kann.

Orale Ovulationshemmer als Therapie

Neben dem Zweck der Empfängnisverhütung wird die Pille bisweilen auch therapeutisch eingesetzt. So hat sie sich als wirkungsvoll bei der Behandlung von Unregelmäßigkeiten im Zyklus, bei Störungen der Menstruation sowie bei Akne und Vermännlichungserscheinungen erwiesen, wobei ihre hormonelle Zusammensetzung von Bedeutung ist. Hier muss der Arzt entscheiden, welche Dosierung im Einzelfall angemessen ist. Auch bei Menstruationsbeschwerden haben Ovulationshemmer meistens eine schmerzlindernde Wirkung.

Menstruation zu einem sehr ungünstigen Zeitpunkt?

Manche Frauen, die vielleicht normalerweise eine andere Verhütungsmethode anwenden, entschließen sich bisweilen zur – vorübergehenden – Einnahme der Pille, um den voraussichtlichen Zeitpunkt des Menstruationsbeginns künstlich zu verändern. Vom medizinischen Standpunkt aus betrachtet, spricht nichts dagegen, etwa für den bevorstehenden Urlaub, auf diese Maßnahme zurückzugreifen.

Die kurzzeitige – und einmalige – Einnahme der Pille, z. B. im Urlaub, ist durchaus erlaubt, auch wenn ansonsten andere Verhütungsmittel benützt werden.

Voraussetzung ist allerdings, dass es sich dabei um eine einmalige Anwendung handelt. Keinesfalls sollte diese Regelung zur Gewohnheit werden! Besonders die Pille als 1-Phasen-Präparat ist geeignet, den Zeitpunkt der kommenden Menstruation selbst zu steuern. Weil das 1-Phasen-Präparat während des ganzen Zyklus die gleiche Hormonzusammensetzung hat, kann die Einnahme an einer beliebigen Stelle abgebrochen werden, woraufhin sich umgehend die Blutung einstellt. Genauso kann ohne Einnahmepause der nächste Einnahmezyklus begonnen und damit die Menstruation beliebig verschoben werden. Mit 2- und 3-Phasen-Präparaten ist dieses Vorgehen nicht empfehlenswert, weil die verschiedenen Hormondosierungen während eines

Zyklus dazu führen, dass bei einem Abbruch der Einnahme sehr unausgewogene Hormonspiegel entstehen, durch die der Schutz vor einer Schwangerschaft nicht mehr sicher ist.

Wie wende ich die Pille richtig an?

Ihr Frauenarzt sollte Sie gründlich untersuchen und entsprechend des Ergebnisses entscheiden, welche Pille für Sie die Richtige ist.

- Nur bei regelmäßiger Pilleneinnahme besteht ein zuverlässiger Empfängnisschutz über den gesamten Zyklus, bei Packungen mit 21 bzw. 22 Pillen also auch in der Zeit, in der Sie keine Tabletten einnehmen.

  Sie sollten sich während der Pilleneinnahme mindestens einmal jährlich vom Frauenarzt untersuchen lassen. Besonders bei längerer Einnahmedauer ist es ratsam, zusätzliche Kontrolluntersuchungen der Leber- und Nierenfunktion, des Blutdrucks und des Blutzuckers vornehmen zu lassen!

Die Pille sollte immer zur selben Zeit eingenommen werden!

- Der Schutz durch die Pille ist nur dann gewährleistet, wenn Sie sie immer täglich zur gleichen Zeit einnehmen. Verbinden Sie die Einnahme am besten mit einer an jedem Morgen zuverlässig stattfindenden Tätigkeit. Wenn Sie die Pille tatsächlich einmal vergessen haben sollten, bleiben Ihnen zwölf Stunden Zeit, die Einnahme nachzuholen. Bei Pillen mit einem Östrogenanteil unter 0,05 Milligramm ist das »Nachholen«, also die verspätete Einnahme, unsicher, und bei der Minipille würden Sie den Empfängnisschutz damit gänzlich verlieren.

Ist die Einnahme der Pille für mehr als 24 Stunden unterbrochen, dann ist keine zuverlässige Verhütung mehr möglich.

- Haben Sie die Pille vergessen und der planmäßige Einnahmezeitpunkt ist um mehr als 24 Stunden überschritten, besteht für den restlichen Zyklus kein zuverlässiger Empfängnisschutz mehr. Die nachträgliche Einnahme der vergessenen Pille bringt nichts! Nehmen Sie bis zum 28. Tag keine Tabletten mehr ein, und beginnen Sie dann den Zyklus neu. Die wahrscheinlich inzwischen eingetretene Blutung können Sie getrost außer Acht lassen. Selbstverständlich sollten Sie bis zur Wiederaufnahme der Pilleneinnahme eine andere geeignete Verhütungsmethode (z. B. Kondome) anwenden.

Richten Sie sich im Umgang mit der Pille nach dem Schema, das jeder Packung beigelegt ist.

- Halten Sie sich an das Einnahmeschema der Pille Ihrer Wahl, das auf der Aluminiumfolie zwischen den eingeschweißten Pillen aufgedruckt ist, und beginnen Sie nach der sechs- bzw. siebentägigen Pause (sofern Sie keine Pille mit 28 Stück pro Monat haben) mit der ersten Pille der nächsten Packung, auch wenn die Blutung noch nicht abgeklungen ist.
- Wenn es nach dem 21. bzw. 22. Tag, also nach der Beendigung des Einnahmezyklus, zu keiner Blutung kommt, sollten Sie Ihren Frauenarzt befragen. Ist sichergestellt, dass kein Einnahmefehler bzw. keine Schwangerschaft vorliegt, können Sie mit dem neuen Einnahmezyklus beginnen.
- Beachten Sie, dass Sie nach dem Absetzen der Pille, ohne dass die Einnahme zum Zyklusbeginn wieder aufgenommen wird, sofort schwanger werden können.
- Wenn Sie unbemerkt schwanger geworden sind und die Pille weiter eingenommen haben, besteht kein Anlass zur Sorge, denn die Hormone in den modernen Pillen sind so niedrig dosiert, dass keine Störungen der Schwangerschaft zu erwarten sind. Setzen Sie aber auf jeden Fall die Pille ab, und suchen Sie Ihren Frauenarzt auf, um die Empfängnis bestätigen zu lassen.

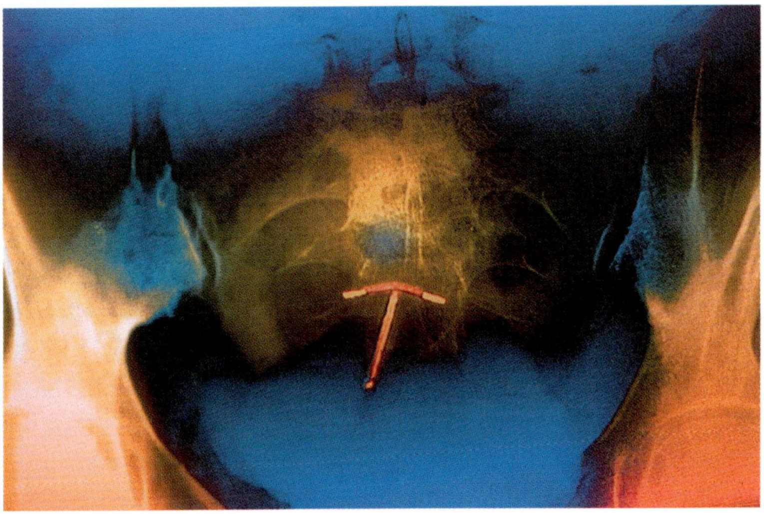

Eine Alternative zur hormonellen Verhütung: das Einsetzen der »Spirale« (Intrauterinpessar) in die Gebärmutter. Die Sicherheit ist mit einem Pearl-Index von 1,5 bis 3 relativ hoch.

Verhütung mit der so genannten Minipille

Der Pearl-Index (siehe Seite 82) der Minipille liegt zwischen 0,8 und 1,3, wodurch deutlich wird, dass die Sicherheit gegenüber der normalen Pille deutlich geringer ist. Die Minipille enthält nämlich kein Östrogen, sondern nur Gestagen und wirkt nur dadurch empfängnisverhütend, dass sie den Zervixschleim im Gebärmutterhals für die Samenzellen undurchlässig macht. Es wird vermutet, dass das Gestagen zugleich die Umwandlung der Gebärmutterschleimhaut und die Beweglichkeit der Eileiter so lange beeinträchtigt, wie das Präparat eingenommen wird. Die Minipille ist besonders für solche Frauen geeignet, bei denen eine pünktliche Einnahme gewährleistet ist und die kein Östrogen einnehmen dürfen.

Auch bei der Minipille treten manchmal Nebenwirkungen auf, die sich naturgemäß nur auf die Einnahme von Gestagen beziehen. Anders als die anderen Pillen wird die Minipille durchgehend, ohne Rücksicht auf den Zyklus und die Blutung, eingenommen. Um einen möglichst sicheren Empfängnisschutz zu gewährleisten, sollte die Minipille jeden Tag zur selben Zeit eingenommen werden.

Nur für den Notfall: die »Pille danach«

Keine Wirkung ohne Nebenwirkung – für die »Pille danach« gilt dies ganz besonders. Übelkeit, Erbrechen und ein durcheinander geratener Zyklus sind häufig der Preis für den Schutz vor einer Schwangerschaft.

Wenn es einmal überraschend zu einem ungeschützten Geschlechtsverkehr in der Eisprungphase gekommen ist und die Möglichkeit einer unerwünschten Befruchtung deshalb nicht ausgeschlossen werden kann, kann auf eine Art »hormonelle« Notbremse zurückgegriffen werden, die jedoch nur einmal im Zyklus angewendet werden darf. Denn die »Pille danach« (auch »Postkoitalpille« oder »morning-after pill« genannt) greift in sehr massiver Weise in den natürlichen Zyklus ein und führt zu einer Verschiebung des Zyklus, wodurch auch der Zeitpunkt des Menstruationsbeginns nicht vorhersehbar ist. Auch leiden viele Frauen, meistens schon wenige Stunden nach der ersten Einnahme, an starker Übelkeit und Erbrechen. Durch die Einnahme der speziell für diesen Zweck zusammengesetzten Hormonkombination von Äthinylöstradiol (Östrogen) und Levonnorgestrel (Gestagen) kann die Einnistung einer eventuell befruchteten Eizelle in der Gebärmutterschleimhaut verhindert werden. Von den vier in der Packung vorhandenen Dragees werden jeweils zwei im Abstand von zwölf Stunden eingenommen, wobei die erste Einnahme nicht später als 48 Stunden nach dem Geschlechtsverkehr erfolgen sollte. Je früher das Präparat verabreicht wird, um so zuverlässiger ist die Wirkung.

RU-486 – in Deutschland nicht zugelassen

Noch ein Wort zum ethisch umstrittenen Präparat RU-486: Hierbei handelt es sich um ein Antihormon gegen Progesteron, das verhindert, dass die Schleimhaut der Gebärmutter aufgebaut wird. Es wird also nicht die Befruchtung des Eies verhindert, denn dazu wäre es ja auch bereits zu spät. Auch die Einnistung der befruchteten Eizelle in die Gebärmutterschleimhaut wird nicht unterbunden, wohl aber das Verbleiben der Eizelle dort, indem die Gebärmutterschleimhaut für die Eizelle keine geeignete Beschaffenheit erlangt. Damit wird die Aufrechterhaltung einer Schwangerschaft verhindert, weshalb RU-486 prinzipiell als Abtreibungsmittel betrachtet wird. Man begibt sich mit dieser Argumentation auf den schmalen Grad zwischen Verhütung einerseits und Abtreibung andererseits. Abtreibung wird damit also in der Art definiert, dass eine in die Gebärmutter eingenistete Eizelle daraus wieder entfernt wird – egal ob medikamentös oder mechanisch. Verhütung ist demnach, wenn sich die Eizelle gar nicht erst einnisten kann.

Das Präparat RU-486, in Frankreich unter dem Namen »Mifepriston« im Handel, ist in Deutschland verboten – sowohl der Vertrieb als auch die Einnahme.

RU-486 wird nur in Ländern, in denen eine Abtreibung in den ersten Schwangerschaftsmonaten legal ist, vertrieben, um in den anderen Ländern den Schwarzhandel damit zu unterbinden. In Deutschland ist die Abtreibung innerhalb der ersten zwölf Schwangerschaftswochen ohne Indikation (d. h. wenn keine bestimmten, amtlich oder ärztlich bestätigten Rechtfertigungsgründe vorliegen) verboten. RU-486 darf deshalb in Deutschland weder vertrieben, verordnet noch eingenommen werden.

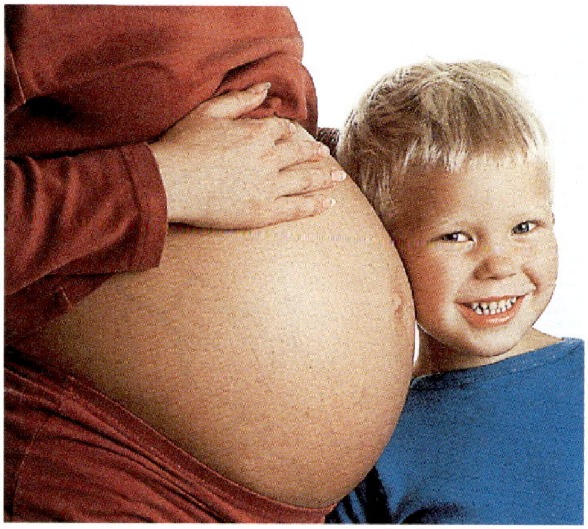

In der Schwangerschaft läuft die Hormonproduktion auf Hochtouren.

Schwangerschaft und Hormone

Die Schwangerschaft, deren Erhaltung und die Versorgung des Kindes vor und eine gewisse Zeit nach der Geburt ist naturgemäß das Ziel aller Aktivitäten der Geschlechtshormone. Man könnte sagen, dass es nichts Wichtigeres für alle Lebewesen und Pflanzen gibt als die Erhaltung ihrer Art, wobei das Wohl des Einzelnen im Zweifelsfall in den Hintergrund rückt.

Nur der Mensch ist auch Individuum

Der Mensch ist wohl das einzige Wesen, das in der Lage ist, die Fortpflanzung auf künstliche Weise zu beeinflussen.

Durch diese Maxime, die in der bzw. durch die Evolution begründet und bewiesen ist, weist jedes Lebewesen instinktiv den Geschlechtshormonen eine zentrale Bedeutung zu. Kraft unserer Intelligenz sind jedoch nur wir in der Lage, uns über die Gesetzmäßigkeiten des natürlichen Fortpflanzungstriebs hinwegzusetzen und zu entscheiden, ob wir bereit sind, Eltern zu werden oder nicht.

Hormone und Lust

Doch zwei Menschen sind nicht immer nur vernunftorientiert. Da wir jedoch immer auch sexuelle Wesen sind, betrachten wir unsere Fortpflanzungsorgane und Geschlechtshormone die meiste Zeit unseres Lebens noch unter einem ganz anderen Aspekt, nämlich dem des Lustgewinns.

So gesehen, ist für uns der reibungslose Ablauf des Hormonhaushalts schon allein deshalb wichtig, weil dadurch – zumindest auf der körperlichen Ebene – ein erfülltes Sexualleben gewährleistet ist.

Natürlich setzt dies auch die Gesundheit unseres gesamten Organismus voraus: Eine Frau, die etwa unter chronischen Kopfschmerzen leidet, wird sich kaum in der Lage fühlen, sich der sexuellen Lust hinzugeben.

Fest steht: Bei uns tritt die Erhaltung der Art oder der Fortpflanzungstrieb zugunsten der – vernunftorientierten – individuellen Bedürfnisse immer mehr in den Hintergrund. Zugleich gilt unser Hauptaugenmerk nicht mehr den Geschlechtshormonen, sondern den Hormonen, die für die Erhaltung unserer Gesundheit, also für das reibungslose Funktionieren der lebenswichtigen Organe, zuständig sind. In letzter Konsequenz vermögen aber auch wir nicht unsere Triebe beliebig zu steuern, sodass – bisweilen auch gegen unseren Willen – die Geschlechtshormone ihre Funktion erfüllen und sich immer wieder verstärkt in den Vordergrund rücken.

Der Mensch ist nicht hundertprozentig in der Lage, seine Triebe nach seinem eigenen Willen zu steuern.

Ein gutes Beispiel: die Schwangerschaft

Wenn es zu einer Empfängnis gekommen ist, ob sie nun gewollt ist oder nicht, beginnt ein Feuerwerk der Geschlechtshormone (Östrogene und Gestagene, speziell das Progesteron), denn sie bestimmen jetzt den Gang der Dinge. Normalerweise gestalten wir ja unser Liebesleben nicht ausschließlich triebhaft und hemmungslos, wie dies in der Tierwelt üblich ist, sondern wir versuchen, uns einen zuverlässigen (Lebens-)Partner zu suchen, Zeitpunkt und Ort für die intimen Stunden zu planen, empfängnisverhütende Maßnahmen zu ergreifen oder eben eine Schwangerschaft bewusst zuzulassen.

Die Möglichkeit, dass ungewollt eine Schwangerschaft eintritt, wollen wir in diesem Zusammenhang ruhig als nebensächlich betrachten und als Sieg der Natur verbuchen. Dass die Geschlechtshormone mit anderen Hormonen in dieser Hinsicht zu überlisten sind, zeigen die Beispiele zur künstlichen Empfängnisverhütung.

Gehen wir also an dieser Stelle davon aus, dass es zu einer gewünschten Empfängnis gekommen ist.

Wenn Geschlechtshormone eine Chance bekommen

Von den 28 Tagen des Zyklus ist die Frau höchstens vier Tage fruchtbar – die Chance, schwanger zu werden, ist im Grunde eigentlich recht gering.

Wie wir wissen, kann eine Schwangerschaft nicht zu beliebiger Zeit in die Wege geleitet werden. Die Chance, ein Kind zu zeugen, ist eigentlich nicht besonders groß, denn von 28 Tagen kommen höchstens vier Tage dafür in Betracht, wenn man berücksichtigt, dass die Eizellen der meisten Frauen nur 24 Stunden nach dem Eisprung befruchtungsfähig sind und man die Lebensfähigkeit der Spermien auf höchstens 72 Stunden, durchschnittlich aber nur 48 Stunden, einschätzt. Und selbst in dieser Zeit ist eine Befruchtung nicht sicher, wie viele Paare mit unerfülltem Kinderwunsch leider immer wieder feststellen müssen.

Wird in dieser Zeit aber ein Ei befruchtet, läuft das Hormonsystem zur Höchstform auf, so als hätte es nur darauf gewartet, endlich zum Zuge zu kommen. Von nun an werden sämtliche, dem Organismus zur Verfügung stehende Geschlechtshormone in großen Mengen benötigt – und das über zehn Monate mit jeweils 28 Tagen, wenn man nach Mondmonaten rechnet (Lunarmonate), was 40 Schwangerschaftswochen entspricht.

Von der Zellteilung zum Embryo

Wir haben im Kapitel »Frauenhormone« dargestellt, wie die Hormone auf die Befruchtung des Eis reagieren. Kurz gesagt: Jetzt wird erst einmal alles bereitgestellt, was einsatzbereit ist, um die Schwangerschaft zu erhalten. Eigentlich ist es unvorstellbar, dass aus einer einzigen Zelle ein ganzer Mensch werden wird, ein Prozess, der bereits in der ersten Woche nach der Befruchtung durch Zellteilungen (2 – 4 – 8 – 16 – 32 – usw.) seinen Anfang nimmt, wobei der so genannte »Zellhaufen« keineswegs größer wird, sondern die einzelnen Zellen immer kleiner werden.

Das Aussehen dieser Ansammlung von Zellen wird mit einer Maulbeere verglichen, weshalb die erste Woche auch »Maulbeerstadium« genannt wird. Ist es der »Frucht« gelungen, sich in die Gebärmutter einzunisten und auch dort zu verbleiben, haben einige der Frauenhormone bereits einen wichtigen Teil

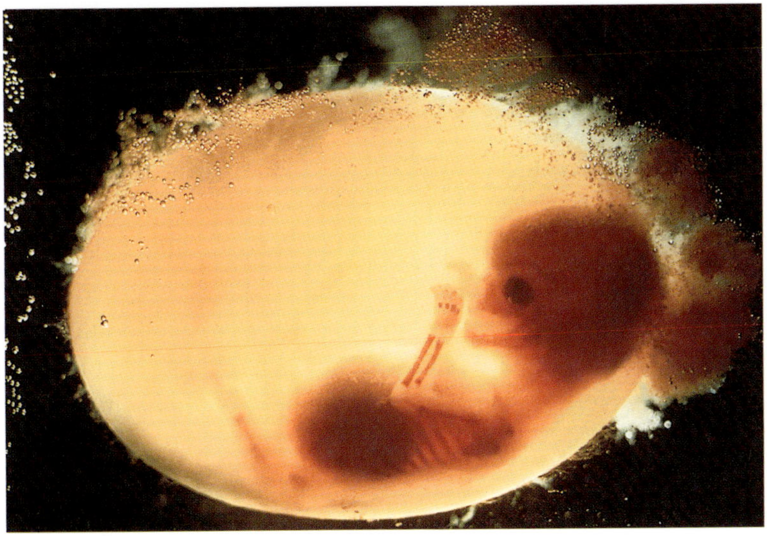

Der etwa zehn Wochen alte Embryo in der Fruchtblase wird über die Plazenta, den »Mutterkuchen«, versorgt.

ihrer Arbeit erledigt. Der Embryo kann nun heranwachsen, wozu mit der tatkräftigen Unterstützung des Progesterons ein Versorgungsorgan extra für ihn gebildet wird, nämlich die Plazenta. Sie wird bezeichnenderweise auch »Mutterkuchen« genannt.

Auch Schilddrüse und Nebenniere produzieren verstärkt

Die Plazenta ist – neben vielen anderen Funktionen – ein hormonproduzierendes Organ, das den gesteigerten Bedarf an Hormonen während der Schwangerschaft abdecken soll. Aber nicht nur sie ist für die große Menge an weiblichen Geschlechtshormonen verantwortlich, denn bereits nach der Befruchtung ist der Östrogen- und Progesteronspiegel nicht abgefallen, wie kurz vor der Menstruation, sondern angestiegen und hat nun ein sehr hohes Niveau erreicht, das während der Schwangerschaft erhalten bleibt.

Die Plazenta soll den gesteigerten Hormonbedarf während der Schwangerschaft abdecken.

Auch andere lebenserhaltende Hormone werden mehr gefordert als sonst: die Schilddrüse wird etwas vergrößert und produziert mehr Thyroxin, um den Stoffwechsel zu beschleunigen, die Nebennierenrinde bildet in erhöhtem Maße Kortisol, um den

Energiehaushalt zu sichern, und Aldosteron, um den durch den hohen Progesteronspiegel verursachten Natriummangel auszugleichen.

Mengenweise werden Frauenhormone verbraucht

Es ist schon verständlich, dass die Natur in der Plazenta eine zusätzliche Hormonproduktion installiert hat, die große Mengen an Hormonen bilden kann. Denn der weibliche Körper ist während einer Schwangerschaft schier unersättlich: Zusätzliche Östrogene sorgen für das Wachstum der Gebärmuttermuskulatur, und sie werden für die Zunahme der Blutgefäße gebraucht, um den Sauerstoff für die Ernährung der wachsenden Muskelfasern der Gebärmutter zur Verfügung stellen zu können.

Die Östrogene schaffen grundsätzliche Voraussetzungen dafür, dass das Neugeborene überhaupt mit Muttermilch gestillt werden kann.

Zudem regen die Östrogene das Wachstum der Ausführungsgänge und die Reifung der Drüsenstrukturen in den Brüsten an, um die Voraussetzungen zu schaffen, dass das Neugeborene nach der Geburt mit Muttermilch gestillt werden kann. Schließlich hat der hohe Östrogenspiegel einen Schönheitseffekt: Er macht eine schönere, jugendlich glatte Haut, ist andererseits aber auch für eine stärkere Pigmentierung verant-

Kurz nach der Geburt muss die Mutter einen rapiden Hormonabbau verkraften, der zu Depressionen und der Angst, sich nicht richtig um das Baby kümmern zu können, führen kann. Doch dieser Zustand geht meist sehr schnell vorüber.

wortlich, die eine dunklere Verfärbung der Haut um die Brustwarzen herum und oft eine dunkle Linie vom Schambein über den Nabel bis fast zu den Brüsten mit sich bringt.

Das in der Plazenta produzierte Progesteron hemmt die Kontraktionen der Gebärmutter und verhindert damit die vorzeitige Ausstoßung des Kindes. Zudem kennt man inzwischen noch zwei weitere Plazentahormone, das humane Chorion-Gonadotropin (HCG), das in der Schwangerschaft den Gelbkörper unterhält und fast identische Wirkstoffe wie die in der Hypophyse gebildeten Gonadotropine FSH, LH und Prolaktin aufweist, und das humane Chorion-Somatomammotropin (HCS), über dessen genaue Funktion in der Schwangerschaft jedoch noch keine gesicherten Erkenntnisse vorliegen.

Das humane Chorion-Gonadotropin (HCG) und das humane Chorion-Somatomammotropin (HCS) sind zwei Plazentahormone, die für das Heranwachsen des Fötus von großer Bedeutung sind.

Erwiesen ist jedoch, dass beide Hormone für das Heranwachsen des Fötus und den Erhalt der Schwangerschaft von erheblicher Bedeutung sind.

Hormonsturz unmittelbar nach der Geburt

So wie der Körper zu Beginn der Schwangerschaft von einem wahren Hormonfeuerwerk bestimmt wird, so muss er nach der Geburt einen rapiden Hormonabbau verkraften. Nachdem die Plazenta als so genannte »Nachgeburt« den Körper der Frau verlassen hat, entfällt naturgemäß die erhöhte Hormonproduktion, worauf es zwangsläufig zu einem Absturz der Blutspiegel der meisten Geschlechtshormone kommt.

Der plötzliche Abfall von Östrogenen sowie die deutliche Verringerung der gesamten Blutmenge im Körper löst bei vielen Frauen nach drei bis vier Tagen die so genannte »Wochenbettdepression« (postpartale Depression) aus, die im Volksmund den Namen »Heultage« trägt und meistens nur einen oder wenige Tage andauert.

Die Frauen fühlen sich in ihrer neuen Situation unsicher, haben Sorge, dass sie nicht in der Lage sein, richtig für das Baby zu sorgen und fühlen sich darüber hinaus allgemein erschöpft von den Anstrengungen der Geburt.

Geht die Depression über das normale Maß hinaus, sowohl was ihre Tiefe als auch ihre Dauer betrifft, und wird deshalb das normale Verhältnis zum Kind bzw. zur Familie beeinträchtigt, sollte der Partner besonders verständnisvoll reagieren und mit Zuwendung und aufmunternden Gesprächen die traurige Stimmung vertreiben. Erst wenn damit kein Erfolg eintritt, ist an die Hilfe eines Therapeuten zu denken. Eine schwerere, aber seltene Form der postpartalen Depression tritt innerhalb von zwei Wochen nach der Geburt auf und kann bis zu drei Monate andauern. Sie kann es unmöglich machen, dass die Mutter ihr Baby versorgt; bei anderen Frauen dagegen tritt Hyperaktivität auf. Auch hier vermutet man als Grund ein starkes Ungleichgewicht im Hormonhaushalt nach der Geburt: einen besonders hohen Anteil an Östrogen und einen sehr geringen an Progesteron.

Jetzt ist der Milchfluss wichtig

Prolaktin und Oxytozin sorgen nach der Geburt für die Laktation und eine dauerhafte Milchbildung.

Von dem Hormonabfall unbeeindruckt zeigen sich lediglich das Prolaktin und das Oxytozin, denn deren Aufgabe hat gerade erst richtig begonnen. Sie sorgen für den so genannten »Milcheinschuss« (Laktation) am dritten oder vierten Tag nach der Geburt sowie für die dauerhafte Milchbildung, wenn die Abgabe aus der Hypophyse durch das Saugen des Säuglings angeregt wird.

Nicht immer klappt das Stillen sofort, was oft durch psychische Gründe wie Unruhe, Nervosität und Ärger verursacht wird. Die Beendigung des Stillens nach etwa sechs Monaten, das Abstillen, geschieht einfach dadurch, dass der Säugling nach und nach immer weniger angelegt wird, wodurch die Bildung von Prolaktin in der Hypophyse und damit die Milchproduktion innerhalb von wenigen Tagen eingestellt wird.

Hat die Laktation eingesetzt, kann es vorkommen, dass entweder zu viel Milch gebildet wird, was zu Spannungen und Schmerzgefühlen in den Brüsten bis hin zu einem »Milchstau« und sogar einer Brustentzündung führen kann, oder im Gegenteil dem Neugeborenen zu wenig Milch zur Verfügung steht, wodurch der Säugling nicht ausreichend versorgt wird, was eine

Zusatzernährung notwendig macht, wobei letzteres aber relativ selten vorkommt.

Es ist nicht möglich, den Milchfluss mit der Verabreichung von Hormonen zu steuern, weil man dazu den Ablauf der Laktation noch nicht genau genug kennt.

Der Milchfluss kann nicht durch Verabreichung von Hormonen von außen gesteuert werden.

Homöopathische Mittel

- Magnesium carbonicum D12: Während der Schwangerschaft besteht ein ständiger Bedarf an Magnesium, der mit dem Präparat ausreichend gedeckt wird.
- Sabina D6: Der Sadebaum aus Asien und Amerika hilft vorbeugend gegen eine drohende Fehlgeburt in den ersten drei Monaten.
- Sepia D6: Der Beutelinhalt des Tintenfischs hilft vorbeugend gegen eine drohende Fehlgeburt vom vierten bis siebten Monat und kommt auch gegen in der Schwangerschaft auftretende Wadenkrämpfe zur erfolgreichen Anwendung.
- Cuprum aceticum D6: Das Kupfer hilft gegen in der Schwangerschaft häufig auftretende Wadenkrämpfe.
- Natrium muriaticum D3: Kochsalz hat sich gegen Depressionen und Stimmungsschwankungen sowohl in der Schwangerschaft als auch im Wochenbett bewährt.
- Pulsatilla pratensis D12: Das aus der Küchenschelle gewonnene Mittel wird neben einer Reihe von anderen Frauenbeschwerden auch in der beschwerlichen Phase der Schwangerschaft im neunten Monat angewendet.
- Aristolochia clematitis D6 (zweimal täglich): Der Extrakt der Osterluzei findet bei vielen Beschwerden der Sexualorgane, besonders aber auch unterstützend für eine leichte Geburt Anwendung.

Der Beutelinhalt des Gemeinen Tintenfischs (Sepia officinalis) hilft vorbeugend bei einer drohenden Fehlgeburt im vierten bis siebten Schwangerschaftsmonat.

Unerfüllter Kinderwunsch

Ruhe und Entspannung – oft klappt es auf diese Weise, wenn bisher der Kinderwunsch unerfüllt blieb.

Wenn bei einem Paar innerhalb eines Jahres trotz Kinderwunsch und regelmäßig ungeschütztem Verkehr keine Schwangerschaft eintritt, spricht man von Unfruchtbarkeit (Sterilität). Um es gleich vorweg zu sagen: Ein unerfüllter Kinderwunsch kann auch durch die Zeugungsunfähigkeit des Mannes verursacht werden. Hier sollen uns jedoch nur die Fehlfunktionen des weiblichen Hormonsystems interessieren.

Ein Problem von Frau und Mann gleichermaßen

Bei etwa 20 Prozent der kinderlosen Paare in Deutschland gibt es keine medizinischen Anhaltspunkte für organische oder hormonell bedingte Sterilität, oder bei beiden Partnern liegt eine Störung vor.

In den westlichen Industrieländern liegt der Anteil ungewollt kinderloser Paare bei etwa 15 Prozent. In Deutschland (alte Bundesländer im Jahre 1990) blieben von knapp sieben Millionen Ehepaaren über 410 000 gegen ihren Willen kinderlos.

Dabei liegt die Ursache zu etwa 45 Prozent bei den Frauen, zu 35 Prozent bei den Männern und beim Rest sind entweder beide Partner von einer Störung betroffen oder es konnte auch nach eingehenden Untersuchungen kein medizinischer Anhaltspunkt für eine organische oder hormonell bedingte Sterilität diagnostiziert werden, eine Erscheinung, die als idiopathische Sterilität bezeichnet wird.

Hormonelle Störungen bei der Frau

Etwa 45 Prozent der weiblichen Sterilität betreffen Funktionsstörungen der Eierstöcke. Diese Störungen sind eigentlich immer auf ein Ungleichgewicht des Haushalts der Geschlechtshormone zurückzuführen, was verschiedene Ursachen haben kann. Alle Stationen des hormonell gesteuerten monatlichen Zyklus können von einer Unregelmäßigkeit betroffen sein: der Hypothalamus, die Hypophyse und die Eierstöcke. Der hormonelle Regelkreis zwischen diesen Stationen mit seinem Rückkoppelungsmechanismus ist sehr kompliziert, und bei manchen Details tappt die Wissenschaft noch heute im Dunkeln.

Der häufigste Grund bei weiblicher Sterilität betrifft Funktionsstörungen der Eierstöcke.

Das Problem jeder Therapie, die in diesen Regelkreis eingreifen möchte, ist, dass ein kleiner Anstoß an einer Stelle neben dem erwünschten Effekt auch unvorhergesehene Auswirkungen an einer ganz anderen hervorrufen kann. Auch sind Ursache und Wirkung nicht immer voneinander zu trennen, denn Erkrankungen (oder Verletzungen) einer der drei Stationen des Zyklus zeigen Auswirkungen auf die Hormonspiegel im Blut. Veränderte Hormonkonzentrationen können wiederum Erkrankungen oder Störungen der hormonbildenden Organe auslösen.

Es muss nicht sofort klappen

Rufen wir uns ins Gedächtnis, dass Sterilität zeitlich so definiert ist, dass der Eintritt einer Schwangerschaft mehr als ein Jahr auf sich warten lässt. Es ist ziemlich wahrscheinlich, dass es nicht

Die seelische Belastung ist groß, wenn der Kinderwunsch unerfüllt bleibt. Doch psychischer Stress reduziert wiederum die Chance einer Empfängnis – ein Teufelskreis.

Es kann einige Zeit dauern, bis sich der Kinderwunsch erfüllt, denn nach dem Absetzen der Pille muss sich der Zyklus erst wieder normalisieren, sodass eine Befruchtung möglich ist.

gleich im ersten Zyklus klappt, wenn man sich zu einer Schwangerschaft entschieden hat. Denn wir haben ja schon darauf hingewiesen, dass die mögliche Zeit einer Befruchtung recht kurz ist. Und wenn es dem Zufall überlassen bleibt, ob man gerade dann miteinander schläft, wenn diese Phase aktuell ist, können viele Monate verstreichen, bis es zu einer Empfängnis kommt.

In diesem Fall sollten sich die intimen Stunden zielgerichtet auf die wenigen fruchtbaren Tage in der Mitte des Zyklus konzentrieren. Auch ist zu berücksichtigen, dass es nach dem Absetzen der Pille ein paar Monate dauern kann, bis sich der Zyklus wieder normalisiert hat, sodass eine Befruchtung möglich ist.

Vielfältige Ursachen einer Störung des Hormonsystems

Wenn die Reifung des Follikels gestört ist, der Eisprung ausbleibt und die Gelbkörperreifung nur ungenügend erfolgt, liegt eine Fehlfunktion der Eierstöcke vor. Diese hormonelle Störung kann ausgelöst werden durch Entzündungen, Verletzungen, Tumoren, angeborene Fehlbildungen, aber auch durch Stress sowie durch übermäßigen Konsum von Suchtstoffen wie Alkohol, Nikotin und Koffein.

Es wird inzwischen auch angenommen, dass Umweltbelastungen, etwa giftige Abgase und sogar stetiger starker Lärm, auf das Hormonsystem ungünstig einwirken. Ab einem Alter der Frau von etwa 35 Jahren sollte auch daran gedacht werden, dass möglicherweise vorzeitige Wechseljahre vorliegen, wobei das Ausbleiben der Menstruation als Zeichen einer Schwangerschaft missgedeutet werden könnte, aber durch den anschließend negativ verlaufenden Schwangerschaftstest zweifelsfrei ausgeschlossen werden kann.

■ Schritt für Schritt werden Ursachen ausgeschlossen

Die Diagnose »Sterilität« ist ziemlich kompliziert herzuleiten und bedarf einer Reihe von Untersuchungen. Eine relativ einfache Methode ist es, mit der täglichen Messung der Basaltemperatur festzustellen, ob überhaupt ein Eisprung stattfindet und ob der Temperaturverlauf im Zyklus normal ist.

Können Unregelmäßigkeiten festgestellt werden, ist dies ein wertvoller Hinweis für den Arzt, wo er mit seinen Untersuchungen am besten ansetzen soll, um schnell fündig werden zu können.

■ Die wichtige Frage: Eisprung oder nicht?

Der Frage, ob ein Eisprung stattfindet oder nicht, wird natürlich auch der Arzt nachgehen: So wird er an verschiedenen Tagen im Zyklus aus dem Muttermund Schleim entnehmen und die so genannte Spinnbarkeit des Schleims überprüfen, die in den fruchtbaren Tagen vorliegt.

Zeigt der Schleim aus dem Muttermund unter dem Mikroskop eine kristalline Struktur, so weist dies möglicherweise auf einen hohen Östrogen- und Progesteronspiegel hin.

Eine einfache mikroskopische Betrachtung des getrockneten Schleims zeigt, ob der Schleim kristalline Strukturen, das »Farnkrautmuster«, aufweist, die gegebenenfalls auf einen hohen Östrogen- und Progesteronspiegel im Blut hinweisen. Damit wäre schon ein wichtiger Faktor der Sterilität, nämlich ein Mangel an Östrogenen oder Progesteron, auszuschließen. Bewiesen ist damit allerdings nicht, dass tatsächlich ein Eisprung stattgefunden hat.

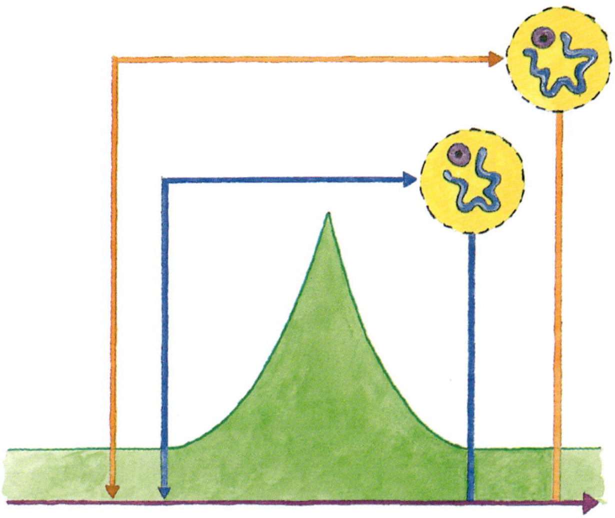

Mit der täglichen Messung der Basaltemperatur kann man feststellen, ob überhaupt ein Eisprung stattfindet und ob der Temperaturverlauf im Zyklus normal ist.

■ **Wird der Zervixschleim zur rechten Zeit durchlässig?**

Nach einem Blick auf die Kurve der Basaltemperatur wird der Arzt versuchen, diese Aufzeichnungen mit einer Untersuchung des Gebärmutterhalses und des Gebärmutterschleims durch die Vagina zu bestätigen oder zu widerlegen. So kann er erkennen, ob Veränderungen entsprechend des Zyklusverlaufs stattfinden als Zeichen dafür, dass die Wirkung der Östrogene und des Progesterons auf die Gebärmutter begonnen hat.

Mit dem Zervix-Index wird der Grad der Veränderung des Gebärmutterhalses und des Gebärmutterschleims bewertet. Stellt der Arzt im Lauf des Zyklus Veränderungen fest, bestehen gute Chancen, schwanger zu werden.

Sind kaum Veränderungen zu erkennen, so lässt das auf einen nicht funktionierenden Zyklus ohne Eisprung schließen. Verändert sich dagegen der Zustand im Rhythmus des Zyklus, kann auf einen funktionierenden Zyklus geschlossen werden, wobei auf einer Skala von eins bis zwölf (dem Zervix-Index) der Grad der Veränderung notiert wird. Werden die Veränderungen mit einer zwölf bewertet, bestehen gute Chancen, in diesem Zyklus schwanger zu werden, weil sich die Situation im Gebärmutterhals für die herandrängenden Spermien so entwickelt hat, dass der Schleim für sie durchlässig geworden ist. Diese Untersuchung hat sich auch zur Überprüfung des Erfolgs oder Misserfolgs einer Hormontherapie bewährt.

Der Hormonspiegel im Blut kann gemessen werden

Mit den bisherigen Untersuchungen konnte schon ein aussagekräftiger Befund über den Verlauf des Zyklus gemacht werden. Wenn aber festgestellt werden soll, ob und in welchen Mengen tatsächlich Hormone im Blut zirkulieren, muss zu bestimmten Tagen im Verlauf des Zyklus Blut abgenommen und einer genauen Analyse unterzogen werden.

So kann ermittelt werden, ob die Hormonspiegel dem Soll der jeweiligen Zyklusphase entsprechen. Wenn wegen des Ausbleibens der Menstruation und eines gleichmäßigen Verlaufs der Basaltemperaturkurve, die ja normalerweise deutliche Ausschläge aufweist, kein Zyklus festzustellen ist, dann bietet die Untersuchung des Hormonspiegels im Blut die einzige Möglichkeit, sich über das Vorhandensein der Geschlechtshormone bzw. den Zustand des Hormonhaushalts ein Bild zu machen.

■ Die Östrogenwerte

Sehr niedrige Östrogenwerte im Blut weisen darauf hin, dass die Eierstöcke keine Östrogene produzieren oder die Eierstöcke die Signale der Hypophyse über die Hormone nicht mehr aufnehmen, auch wenn die Östrogene so ausreichend vorhanden sind, dass sie zu diesen Kurierdiensten fähig sind – was meistens eine irreversible, also nicht heilbare Funktionsstörung bedeutet.

■ Die Progesteronwerte

Eine erhöhte Konzentration an Progesteron ist dann im Blut nachweisbar, wenn der Eisprung stattgefunden hat und der Gelbkörper dieses Hormon produziert. Damit ist zum einen der Eisprung und zum anderen eine reibungslose Funktion des Gelbkörpers bewiesen, was ein weiterer Schritt zur erfolgreichen Eingrenzung der hormonellen Ursache für eine Sterilität ist. Ist der Progesteronspiegel dagegen niedrig, kann dies auf eine schlechte Gelbkörperfunktion hinweisen, oder aber auch auf einen fehlenden Eisprung, wenn er nicht mit der Temperaturmessung oder dem Zervix-Index nachgewiesen werden konnte.

Mit der Messung der einzelnen Hormonwerte kann der Arzt die hormonellen Ursachen einer Sterilität schrittweise eingrenzen.

■ Die LH-Werte

Wenn die Werte des luteinisierenden Hormons innerhalb eines Tages plötzlich stark ansteigen, ist dies das Zeichen für den kurz darauf folgenden Eisprung, denn das LH löst den Eisprung aus und fördert die Ausreifung des Gelbkörpers. Ist dieser Anstieg der Werte erkennbar, so kann eine weitere Störung des Hormonsystems ausgeschlossen werden.

■ Die Prolaktinwerte

Bei etwa 20 Prozent der wegen ungewollter Kinderlosigkeit untersuchten Frauen wurden erhöhte Prolaktinwerte festgestellt. Prolaktin bewirkt bei einer nicht schwangeren Frau – und das setzen wir in diesem Zusammenhang voraus – die Reifung des Gelbkörpers im Eierstock, erhält dessen Funktion und regt die Progesteronförderung in ihm an, wobei es vom prolaktin-inhibierenden Faktor (PIF) in Schach gehalten wird. Stellt man nun einen sehr hohen Prolaktinwert fest, so ist davon auszugehen, dass entweder zu wenig PIF oder zu viel Prolaktin gebildet wird. Die erhöhte Produktion von Prolaktin kann einerseits auf Stress und andererseits auf einen prolaktinbildenden, meist gutartigen Tumor in der Hypophyse zurückzuführen sein, der medikamentös relativ leicht zu behandeln ist.

■ Die Testosteronwerte

Auch die Frau hat, wie schon erwähnt, männliche Geschlechtshormone (Androgene) in ihrem Körper, wie auch beim Mann weibliche nachzuweisen sind. Werden im weiblichen Blut nun zu hohe Testosteronwerte gemessen, so führt dies mit Sicherheit zu Fehlfunktionen der Eierstöcke, woraus zwangsläufig eine Unfruchtbarkeit entstehen muss.

■ Die Schilddrüsenhormonwerte

Niedrige Blutwerte an Schilddrüsenhormonen haben für den gesamten Stoffwechsel negative Folgen und verhindern so möglicherweise eine Schwangerschaft.

Nicht nur die Blutspiegel der Sexualhormone können auf die Ursache der Sterilität hinweisen, sondern auch die Blutspiegel der Hormone, die die Schilddrüse produziert. Niedrige Blutspiegel von T3 und T4, den Schilddrüsenhormonen, deuten auf eine Schilddrüsenunterfunktion hin, was für den gesamten Stoffwechsel im Organismus sehr negative Folgen hat. Mit einem schlecht funktionierenden Stoffwechsel ist auch eine Schwangerschaft nicht möglich. Bei 10 bis 15 Prozent aller ungewollt Kinderlosen ist eine Schilddrüsenunterfunktion die Ursache.

Was tun gegen Hormonstörungen?

Im Vordergrund jeder Behandlung von Unregelmäßigkeiten des Menstruationszyklus steht die Optimierung des natürlichen Zyklus, wobei häufig der Einsatz von Hormonen nicht notwendig ist. Manchmal können die Betroffenen selbst einige Maßnahmen ergreifen, um die Bedingungen für eine erfolgreiche Empfängnis zu verbessern. Es hat sich immer wieder gezeigt, dass Frauen, die in ihrem Beruf stark gefordert werden oder unter seelischen Konflikten leiden, besonders von einem unerfüllten Kinderwunsch betroffen waren.

Dem Alltag entfliehen

Die ärztliche Erforschung der Ursache einer Sterilität (die ja auch recht zeitaufwendig ist) sollte zunächst einmal zurückgestellt werden. Betroffene sollten zuvor einige Wochen in völliger Entspannung, fern vom schalen oder belastenden Alltag verbringen. Bei vielen scheinbar unfruchtbaren Paaren hat dies schon Wunder gewirkt, denn die Zeugungs- und/oder Empfängnisprobleme haben sich sozusagen in frischer Luft aufgelöst, und die Überraschung war groß, als ein paar Wochen später ungewohnte Anzeichen auftraten, die auf eine Schwangerschaft schließen ließen.

Ruhe, Entspannung und körperliche Nähe in angenehmer Umgebung schaffen die besten Voraussetzungen für eine Empfängnis

Mit einer solchen hektikfreien, erholsamen und vielleicht auch erlebnisreichen Zeit im positiven Sinne zusammen mit dem Partner kann die seelische Anspannung, die sonst über die Beeinträchtigung des Hormonsystems zu einer Unfruchtbarkeit führt, aufgelöst werden. Ein weiterer Grund für eine erfolgreiche Empfängnis ist die Häufung intimer Stunden, die die Wahrscheinlichkeit eines »Treffers« in der fruchtbaren Zeit der Frau erhöht.

Mit der Ultraschalluntersuchung den Zyklus leicht überwachen

Hat sich herausgestellt, dass der Abbau von Stress nicht den gewünschten Erfolg nach sich zog, ist ein Arztbesuch unumgänglich, zumal der Arzt über einige Hilfsmittel verfügt, mit denen der optimale Zeitpunkt zur Befruchtung festgestellt werden kann. So gibt etwa eine Ultraschalluntersuchung Aufschluss über die Entwicklung der Eibläschen und der Gebärmutterschleimhaut, was Zyklusmonitoring genannt wird. Zwischen dem neunten und zehnten Zyklustag kann man dabei sehen, ob sich ein sprungreifer Follikel gebildet hat, und messen, wie groß dieser ist. Mit dem Eisprung ist zu rechnen, wenn der Follikel eine Größe von 20–25 Millimeter erreicht hat. Wird diese Untersuchung mit einer Hormonbestimmung von Östrogen, LH und Progesteron durch eine Blutuntersuchung kombiniert, kann der Eisprung sehr genau vorausgesagt werden. Dieser selbst kann mit der Betrachtung des (leeren) Follikels mit dem Ultraschallgerät nachgewiesen werden, was sehr wichtig für das weitere Vorgehen ist.

Über die Behandlung mit Hormonen

Mit einer Hormonbehandlung wird in vielen Fällen die erwünschte Schwangerschaft ausgelöst. Denn mit den Ovulationsauslösern, den Hormonen der Hirnanhangsdrüse (FSH und LH) sowie dem Freisetzungshormon ist eine auf die individuellen Probleme einer Frau angepasste Behandlung der zugrunde liegenden Hormonstörungen möglich. Allerdings kann schnell des Guten zu viel getan werden, weil nicht selten mehrere Follikel gleichzeitig heranreifen, was gehäuft (bis zu 20 Prozent) zu Mehrlingsschwangerschaften führt. Leider ist auch die Fehlgeburtenrate nach einer Hormonbehandlung erhöht, was aber bei einem Kinderwunsch, der ohne diese Behandlung zweifellos nicht zu realisieren wäre, meistens hingenommen wird.

Das Vorkommen von Mehrlingsschwangerschaften ist nach einer Hormonbehandlung um bis zu 20 Prozent erhöht!

Um mögliche Komplikationen und Nebenwirkungen einer Hormonbehandlung sofort erkennen und korrigieren zu können, muss eine intensive Überwachung der Wirksamkeit durch Ultraschall- und Hormonuntersuchungen (Hormonbestimmungen) erfolgen. Nicht nur unerwünschte Begleiterscheinungen können damit verhindert werden, sondern man greift auf diese ständige Überwachung schon allein deshalb zurück, um bestimmte hormonelle Vorgänge zum rechten Zeitpunkt in die Wege leiten zu können.

■ Die Behandlung einer Prolaktinüberproduktion

Zunächst muss ausgeschlossen werden, dass prolaktinbildende Tumoren in der Hypophyse (die allerdings eher selten sind),

Schilddrüsenerkrankungen und bestimmte Medikamente, wie Psychopharmaka, die die Prolaktinproduktion erhöhen und Unfruchtbarkeit zur Folge haben können, die Ursache der Überproduktion darstellen. Erst dann kann damit begonnen werden, den erhöhten Prolaktinspiegel im Blut durch Prolaktinhemmer, beispielsweise Bromokriptin, zu senken.

Auch Psychopharmaka können eine Unfruchtbarkeit zur Folge haben!

Diese Medikamente normalisieren die Bildung und Ausschüttung des Prolaktins in der Hypophyse, sodass der Eisprung wieder erfolgen kann. Sie werden bis zum Eintreten einer Schwangerschaft eingenommen, wobei die Hauptdosis am Abend verabreicht wird, weil das Prolaktin vor allem nachts ausgeschüttet wird. Dies hat zudem den Vorteil, dass die oft auftretenden Nebenwirkungen des Medikaments, wie Magen-, Darm-, Kreislaufbeschwerden, im Schlaf nicht sehr intensiv ins Bewusstsein treten.

■ Hormone gegen die Männlichkeit

Bei Übergewicht sollte zunächst versucht werden, die Körpermasse zu reduzieren – prinzipiell die einfachste Methode, auch wenn es der Einzelnen oft schwer fällt. Die medikamentöse Behandlung soll die Produktion männlicher Hormone bremsen und dadurch hormonelle Zyklusabläufe wieder normalisieren.

Weil die vermehrte Bildung männlicher Hormone häufig eine Überfunktion der Nebennierenrinde als Ursache aufweist, werden geringe Mengen Glukokortikoide verabreicht. Sie brauchen bei der Behandlung der Unfruchtbarkeit nur in sehr niedrigen Dosierungen gegeben werden, sodass Nebenwirkungen dieses Medikaments nicht zu befürchten sind.

Bei der Behandlung der Unfruchtbarkeit werden auch geringe Mengen Glukokortikoide zugeführt.

■ Hormone für Eireifung und Eisprung

Konnten normale Hormonwerte festgestellt werden und der Eisprung bleibt trotzdem aus, dann kann durch Medikamente die Follikel- und Eireifung im Eierstock angeregt werden, was eine vermehrte Bildung und Ausschüttung der Freisetzungshormone im Hypothalamus bewirkt. Die Freisetzungshormone (GnRH) geben dann der Hypophyse den Befehl, die Produktion von

FSH und LH zu steigern. Das nun vermehrt im Blut zirkulierende FSH regt im Eierstock das Follikelwachstum an, und das LH löst den Eisprung aus. Deshalb werden diese Medikamente auch als Ovulationsauslöser bezeichnet. Unter ihnen zeigt Klomifen die stärkste Wirkung.

■ Mit den Gonadotropinen LH und FSH den Eisprung auslösen

Es kommt vor, dass die Eierstöcke auf die Ovulationsauslöser nicht reagieren, weil die Follikel nicht in ausreichender Zahl und Größe heranwachsen und ein Eisprung nicht eintreten kann. Dann ist es sinnvoll, eine Behandlung mit Hormonen der Hypophyse, also mit LH und/oder FSH einzuleiten.

Tägliche Ultraschalluntersuchungen und Hormonbestimmungen ab dem achten Zyklustag sind bei einer Behandlung mit Hypophysenhormonen nötig.

Die Gonadotropine wirken nämlich direkt auf die Eierstöcke ein und regen so vor Ort die Entwicklung der Follikel an. Diese Hormone werden in Form von Injektionen verabreicht, wobei die Dosierung der Gonadotropine sehr individuell erfolgen muss, weil die Eierstöcke selbst bei der gleichen Frau in verschiedenen Behandlungszyklen sehr unterschiedlich reagieren können. Deshalb erfordert die Behandlung mit Hypophysenhormonen eine sorgfältige Überwachung des Zyklus, was am besten durch tägliche Ultraschalluntersuchungen und Hormonbestimmungen ab dem achten Zyklustag erreicht wird.

■ Timing des Eisprungs

Der Alltag erlaubt es oft nicht, unmittelbar, d. h. nahezu zeitgleich, nach dem Eisprung die Möglichkeit einer Befruchtung zu schaffen. Dieses Problem lässt sich lösen, indem man dem eisprungauslösenden Ansteigen des LH-Werts im Blut zuvorkommt und eine Spritze mit humanem Chorion-Gonadotropin (HCG) verabreicht, nach deren Injektion der Eisprung in den folgenden 34 bis 36 Stunden stattfinden wird.

Damit wird ausreichend Zeit gegeben, dass die Befruchtung rechtzeitig »organisiert« werden kann, was am besten innerhalb der nächsten 30 Stunden geschehen sollte.

Nebenwirkungen bei Behandlung mit Gonadotropinen

Es sind dann Komplikationen bei der Hormonbehandlung der ungewollten Kinderlosigkeit zu erwarten, wenn der Eisprung bei einer Überstimulierung der Eierstöcke zusätzlich auch noch medikamentös (also mit der Gabe von Gonadotropinen) ausgelöst wird (das so genannte Überstimulierungssyndrom).

Dies kann zur Folge haben, dass die Eierstöcke in größere Zysten umgewandelt werden, die den gesamten Bauchraum ausfüllen können. Auch können Störungen des Wasser- und des Elektrolythaushalts auftreten. Treten diese Nebenwirkungen ein, wird eine Behandlung im Krankenhaus erforderlich.

Die Statistik sagt aus, dass es bei der medikamentös-hormonellen Anregung der Eierstöcke in etwa 20 Prozent der Fälle zu einer Mehrlingsschwangerschaft kommt, wobei 85 Prozent davon Zwillingsgeburten und 15 Prozent Mehrlingsgeburten (also Drillinge und mehr) sind. Denn bei der medikamentös-hormonellen Anregung der Eierstöcke reifen fast immer mehrere Follikel heran, was zur Folge hat, dass die Eierstöcke mehr als eine Eizelle freigeben, die dann auch von Spermien befruchtet werden können.

Laut Statistik kommt es bei etwa 20 Prozent der Behandlungen mit Gonadotropin zu Mehrlingsschwangerschaften.

Ein Überstimulierungssyndrom kann in den meisten Fällen durch eine intensive ärztliche Überwachung des stimulierenden

Mehrlingsschwangerschaften kommen häufiger vor, wenn die Eierstöcke nicht nur hormonell, sondern zusätzlich auch medikamentös behandelt werden. Durch die Überstimulierung reifen fast immer mehrere Follikel heran, die befruchtet werden können.

Zyklus mit Hilfe von Ultraschall und Hormonbestimmungen rechtzeitig erkannt und vermieden werden. Auf das »Timing des Eisprungs« mit der eisprungauslösenden Spritze wird man meistens verzichten, wenn im Eierstock zu viele Follikel herangereift sind, um damit ein Überstimulierungssyndrom zu vermeiden.

Durch die Behandlung mit Gonadotropinen wird auch das Risiko von Fehlgeburten erhöht, was neben anderen Ursachen vermutlich auf das vermehrte Auftreten von Mehrlingsschwangerschaften zurückzuführen ist. Das Risiko von Fehlbildungen bei Kindern, die nach einer Hormonbehandlung auf die Welt kommen, ist nicht gegeben.

Behandlung mit Freisetzungshormonen

Als letzte Behandlungsmöglichkeit bleibt diejenige mit Freisetzungshormonen. Sie ist allerdings zeitaufwendig und teuer.

Sprechen die Ovulationsauslöser LH und FSH nicht an oder verursachen sie eine Überstimulierung der Eierstöcke, dann kann eine Behandlung ausschließlich mit Freisetzungshormonen der Hypophyse begonnen werden, wenn sichergestellt ist, dass die Hypophyse richtig funktioniert. Die Behandlung ist allerdings teuer und zeitaufwendig, weshalb sie erst dann zum Zuge kommen sollte, wenn alle anderen Therapien erfolglos geblieben sind.

Der Vorteil der Behandlung mit dem Freisetzungshormon liegt darin, dass der hormonelle Regelkreis mit seinem Rückkoppelungseffekt zwischen dem Hypothalamus, der Hypophyse und den Eierstöcken erhalten bleibt. Außerdem sind keine Überstimulierungsreaktionen und auch keine Mehrlingsgeburten zu erwarten, weil meistens nur je ein Eibläschen heranreift.

Die Verabreichung des Freisetzungshormons erfolgt als Dauerinfusion mit Hilfe einer computergesteuerten Minipumpe, weil nur mit dieser Methode eine ausreichende Eireifung mit einem Eisprung zu erwarten ist. Um die Dauerinfusion diskret zu ermöglichen, wird eine Kanüle in das Unterhautfettgewebe der Bauchdecke eingeführt, die mit dem Infusionsapparat verbunden ist. Die kleine Pumpe wird an einem Gürtel unter der Kleidung getragen, wo sie nicht auffällt, sodass die Frau ihren alltäglichen Aufgaben und Aktivitäten wie gewohnt nachgehen kann.

Im Zeitabstand von 90 Minuten wird dem Blut eine genau festgelegte Menge an Freisetzungshormonen zugeführt, was dem natürlichen Ausschüttungsrhythmus des Hypothalamus entspricht. Ist der Follikel unter diesen Umständen gut gereift, wird die Dauerinfusion gelöst und der Eisprung kann zusätzlich medikamentös mit der Injektion von HCG ausgelöst werden. Ein Eisprung wird so bei 80 Prozent der Frauen ausgelöst, und eine Schwangerschaft tritt bei 30 Prozent ein.

Schilddrüsenerkrankungen als Ursache für Störungen im weiblichen Hormonsystem?

Da die Schilddrüse die für den Stoffwechsel wichtigen Hormone T3 und T4 produziert, ist es leicht zu erklären, dass eine Unterfunktion der Schilddrüse auch eine Schwangerschaft negativ beeinflussen kann.

Eine Unterfunktion der Schilddrüse kann den Stoffwechsel so negativ beeinflussen, dass eine Schwangerschaft aus diesem Grund nicht möglich ist. Dies erscheint dann verständlich, wenn man weiß, dass die Schilddrüse eine der wichtigsten Hormondrüsen ist, indem sie die Hormone Thyroxin (T4) und Trijodthyronin (T3) produziert, die für einen reibungslosen Stoffwechsel vieler Körpersubstanzen verantwortlich sind. Die Schilddrüse wird – wie die Eierstöcke – durch ein Hormon aus der Hypophyse stimuliert, das wiederum durch eines aus dem Hypothalamus reguliert wird.

Auf den ersten Blick haben das System der Schilddrüsenhormone und das der Geschlechtshormone nichts miteinander zu tun. Weil aber Schilddrüsenerkrankungen bei Frauen fünfmal häufiger auftreten als bei Männern, wird doch ein Zusammenhang zwischen der Funktion von Schilddrüse und Eierstöcken vermutet.

Die Störung der Schilddrüsenfunktion und ihre Auswirkungen auf die Geschlechtshormone sind leicht zu beheben, indem Schilddrüsenhormone regelmäßig medikamentös verabreicht werden, wobei keine Nebenwirkungen auftreten. Nachdem die störungsfreie Funktion der Schilddrüse von der ausreichenden Einnahme von Jod abhängig ist, hat sich auch die Verabreichung von Jodidpräparaten, die in der Apotheke erhältlich sind, gut bewährt.

Das Ende der fruchtbaren Phase ist ein sehr individueller Vorgang, den jede Frau anders erfährt.

Wenn die Hormone nachlassen

Auch bei Frauen herrscht zuweilen über den Zeitraum des Übergangs von der Phase der Gebärfähigkeit bis zur fast völligen Einstellung der Bildung von weiblichen Geschlechtshormonen Begriffsunklarheit. Wahllos werden die Begriffe Wechseljahre, Klimakterium und Menopause falsch oder synonym gebraucht. Diese babylonische Sprachverwirrung soll zunächst geordnet werden, bevor auf die ersten Anzeichen, die das Ende der Fruchtbarkeit einleiten, näher eingegangen wird.

Das Ende der Fruchtbarkeit in drei Phasen

Will man die Begriffe Klimakterium, Wechseljahre und Menopause genau voneinander unterscheiden, so sind sie wie folgt anzuwenden:

Mit den beiden Begriffen Klimakterium und Wechseljahre ist ein und derselbe Vorgang gemeint. Die Menopause beschreibt nur den Zeitpunkt, an dem die Menstruation zum endgültig letzten Mal stattfindet.

Klimakterium ist der medizinische Fachbegriff für »Wechseljahre« und kann daher als Synonym verwendet werden. Die beiden Begriffe beschreiben den gesamten Vorgang vom ersten Eintreten der Anzeichen des Rückgangs der Produktion von Geschlechtshormonen bis zur Unfruchtbarkeit infolge der Einstellung aller Funktionen des Eierstocks.

Menopause (der Wortteil »pause« kommt aus dem Griechischen und bedeutet »Ende«) beschreibt eigentlich nur den Zeitpunkt, an dem die Menstruation endgültig zum letzten Mal stattgefunden hat, was naturgemäß erst einige Monate später erkennbar wird. Man hat diesen Begriff in drei Teile zerlegt, um die Phasen besser definieren zu können: in die Prämenopause, die Menopause und die Postmenopause.

Die Prämenopause – die Veränderungen beginnen

Die Prämenopause ist die Zeit vor der Menopause, in der die Bildung zunächst eines Hormons nachlässt, bevor die Blutspiegel von anderen Frauenhormonen ebenfalls sinken. Diese Phase dauert durchschnittlich sechs Jahre und beginnt oft im Alter zwischen 45 und 50 Jahren. In dieser Zeit können Unregelmäßigkeiten im Menstruationszyklus erst als Beginn der Wechseljahre definiert werden, wenn diese über einen längeren Zeitraum hinweg nicht mehr stabilisiert werden konnten.

Die Menopause – die Menstruation bleibt aus

Die Menopause ist der Zeitpunkt, an dem die letzte Menstruation erfolgt ist, was heutzutage in den westlichen Industrieländern in der Regel im Alter zwischen 53 und 55 Jahren geschieht.

Sie ist der körperliche – und auch psychologische – »Knackpunkt« des Klimakteriums, denn in diesem Augenblick, der ja erst einige Monate später als solcher erkannt werden kann, wird das Ende des gebärfähigen Alters bei jedem weiteren Ausbleiben der Menstruation offensichtlicher, was verständlicherweise oft persönliche Krisen auslöst wegen der Sorge, nicht mehr als vollwertige Frau betrachtet zu werden, und der Angst vor dem Alter(n) im Allgemeinen.

Die Prämenopause beginnt meist im Alter von 45 bis 50 Jahren, die eigentliche Menopause zwischen 53 und 55 Jahren. Das vollständige Erliegen der Eierstockproduktion tritt zwischen dem 55. und 60. Lebensjahr ein.

Weil die letzte Menstruation als solche erst ein Jahr später sicher definiert werden kann, hat man den Zeitraum auf dieses folgende Jahr ausgedehnt und spricht dann, um genau zu sein, von der Perimenopause, wobei der Wortteil peri mit »um herum« (also um die letzte Menstruation herum) übersetzt werden kann.

Die Eierstockhormone fehlen sehr

Die Postmenopause umschreibt die Phase von fünf Jahren nach der Perimenopause bis zum völligen Erliegen der Eierstockfunktion – dies ist bei uns heutzutage zwischen 55 und 60 Jahren der Fall. Damit wird der Sexualhormonspiegel immer geringer, bis nur noch wenige Anteile davon im Blut nachweisbar sind, die jedoch nicht von den Eierstöcken, sondern von der Nebennierenrinde und vom Fettgewebe der Unterhaut gebildet werden. Diese Hormone werden auch nach dem Klimakterium das ganze weitere Leben produziert, um wichtige Funktionen, beispielsweise solche Funktionen des Östrogens, die mit der Fortpflanzung nichts zu tun haben, aufrechterhalten zu können. In dieser Zeit des Klimakteriums können alle Beschwerden einzeln oder zusammen auftreten, die durch den Entzug der Eierstockhormone verursacht werden.

Das Ende der Fruchtbarkeit – die ersten Anzeichen

Die Länge des Klimakteriums ist von Frau zu Frau unterschiedlich und kann von wenigen Monaten bis zu zehn und mehr Jahren umfassen.

Individuell sehr verschieden läuft das Klimakterium ab: Bei den meisten Frauen erstreckt es sich über wenige Monate bis zu wenigen Jahre, bei manchen dauert es nur einige Tage und bei anderen wiederum zwischen fünf und zehn Jahren und länger.

Die Menopause nach der Entfernung beider Eierstöcke

Von einer künstlichen bzw. »chirurgischen« Menopause wird gesprochen, wenn sie durch die Entfernung der beiden Eierstöcke (die so genannte Ovarektomie) verursacht wird. Der Zyklus kommt praktisch sofort zum Erliegen, weil die Eierstockhormone nicht mehr gebildet werden und deshalb auch keine Menstruation mehr erfolgen kann. Dies ist auch der Fall, wenn die Gebärmutter möglicherweise noch vorhanden ist, weil der monatliche Aufbau der Gebärmutterschleimhaut wegen der fehlenden Eierstockhormone nicht mehr erfolgen kann.

Das Klimakterium beginnt schleichend

Der Beginn des Klimakteriums kündigt sich normalerweise nicht abrupt und plötzlich an, sondern es treten zunächst Schwankungen im Menstruationszyklus und Veränderungen der Menstruationsblutungen auf. Die Blutungen werden geringer und/oder weniger häufig, manchmal fällt eine Menstruation zwischendurch auch ganz aus. Aber auch das Gegenteil kann eintreten, indem die Blutungen stärker und/oder häufiger auftreten – im Extremfall sogar jeden zweiten Tag. Die Unregelmäßigkeit wird zum unliebsamen »Hormonchaos«, wenn beide Extreme bei derselben Frau in bunter Abwechslung auftreten.

Das Klimakterium als Umkehr der Pubertät

Das Klimakterium kann als die Umkehr der Pubertät bezeichnet werden, denn während in der Pubertät die Hypophyse die Eierstöcke dazu stimuliert, das Hormon Östrogen zu bilden und befruchtungsfähige Eizellen heranreifen zu lassen und abzugeben, beginnt irgendwann nach dem 40. Lebensjahr die Östrogenbildung nachzulassen, sodass der Eisprung zunehmend unregelmäßiger wird, bis letztendlich überhaupt keine Eizelle mehr abgegeben wird und die Menstruationsblutungen aufhören.

Das Klimakterium verhält sich genau entgegengesetzt zur Pubertät, während der sich das Östrogen bildet und Eizellen heranreifen: Zum Schluss existiert keine Eizelle mehr, die Menstruationsblutungen hören auf und es werden kaum noch Östrogene produziert.

Wie die sich steigernde Hormonbildung während der Pubertät mit körperlichen und seelischen Veränderungen einhergeht, so kommt es umgekehrt während der Wechseljahre ebenfalls zu körperlichen und seelischen Symptomen, die durch die sinkende Hormonbildung verursacht sind.

Auch in den Wechseljahren sollten Frauen aktiv bleiben und Spaß am Leben haben.

■ Hohe FSH-Werte zeigen den Beginn des Klimakteriums

Wenn der Vorrat an Eizellen verbraucht ist und die Eierstöcke mehr und mehr von Bindegewebe durchwachsen werden und deshalb immer weniger Östrogen produzieren, dann führt das über das hormonelle Rückkoppelungssystem dazu, dass die Hypophyse immer mehr FSH bildet, um die Östrogenbildung in den Eierstöcken zu verstärken. Dies wird in höheren Spiegeln von FSH im Blut und im Urin einer Frau während des Klimakteriums deutlich, was entweder durch einen Test mit einem über 24 Stunden gesammelten Urin oder anhand einer Blutuntersuchung nachgewiesen werden kann.

Menstruationsblutungen ohne Eisprünge

Der Östrogenspiegel ist normal, aber die Bildung des Progesterons bleibt aus, wenn kein Eisprung erfolgt.

Die Veränderungen des Hormonhaushalts und der Eierstöcke zeigen sich auch darin, dass Eisprünge nicht mehr regelmäßig stattfinden. Immer mehr Menstruationszyklen verlaufen mit Blutungen ohne Eisprünge. Obwohl in diesem Fall also durch die Stimulation des FSH noch genügend Östrogen in den Eierstöcken gebildet wird, um die Gebärmutterschleimhaut während der Follikelreifungsphase des Menstruationszyklus wie gewohnt aufzubauen, bleibt bei fehlendem Eisprung die Bildung des Progesterons in der zweiten Zyklushälfte aus, weil es ohne Eisprung keinen Gelbkörper geben kann.

So wird zwar die Gebärmutterschleimhaut genügend aufgebaut, um eine befruchtete Eizelle aufnehmen zu können, doch bei fehlender Einnistung einer befruchteten Eizelle wird die Gebärmutterschleimhaut nicht abgelöst und abgestoßen. Die Folge ist, dass die Menstruationsblutungen verspätet einsetzen, oder sie beginnen zwar zum richtigen Zeitpunkt, dauern aber länger als gewöhnlich oder sie sind geringer oder schwerer als zuvor.

Durch den weiterhin normalen Östrogenspiegel bei gleichzeitig immer weiter sinkendem Progesteronspiegel im Blut kann es vorkommen, dass die Gebärmutterschleimhaut immer dicker wird (so genannte Endometriumhyperplasie), was nach einigen

Zyklen statt zu einer Menstruationsblutung zu einer so genannten Durchbruchblutung führen kann. Diese Blutungen sind sehr stark, dauern meist recht lange an, sind aber völlig schmerzlos. Abhilfe kann hier oft nur eine Ausschabung der Gebärmutter schaffen. Damit die Gebärmutterschleimhaut sich nicht noch einmal ungebremst verdicken kann, sollte die Einnahme von Progesteron ins Auge gefasst werden.

Die Möglichkeit von Erkrankungen nicht übersehen

Ein Problem in der Menopause ist es, die »normalen« Unregelmäßigkeiten von denen zu unterscheiden, die Symptome einer ernsthaften Erkrankung darstellen können. Auf jeden Fall sollte eine gynäkologische Untersuchung durchgeführt werden, wenn sehr starke Blutungen auftreten, wenn diese häufiger als alle 21 Tage vorkommen, wenn sie nach einer blutungsfreien Zeit von zwölf Monaten oder darüber plötzlich wiederkehren, wenn Schmierblutungen außerhalb der Regelblutungen stattfinden, um rechtzeitig Myome, Polypen, bösartige Tumoren oder andere Erkrankungen auszuschließen.

Ein wichtiger Faktor für Frauen im Klimakterium ist ein Arzt oder eine Ärztin, dem oder der man vollstes Vertrauen schenken kann.

Überhaupt sollten die Wechseljahre kein Grund dafür sein, vor dem Gynäkologen bzw. der Gynäkologin Scham über das Älterwerden zu empfinden, das sich scheinbar mit dem Eintreten des Klimakteriums am und im Körper zeigt. Das Patienten-Arzt-Verhältnis ist im Bereich der Frauenheilkunde in jedem Alter der Patientin ein wesentlich diffizileres als das in anderen medizinischen Bereichen. Gerade während der Wechseljahre braucht die Frau einen ärztlichen »Vertrauten« bzw. eine ärztliche »Freundin«, der/die sowohl psychisch relativierend wirken kann als auch Gesprächspartner/in ist, was das medizinische Vorgehen bei der stattfindenden Hormonumstellung betrifft. Vertrauen gegenüber der ärztlichen Kunst – nicht nur der schulmedizinischen, sondern auch der naturheilkundlichen –, das durch einen verständnisvollen Menschen vermittelt wird, ist jetzt besonders wichtig.

Empfängnisverhütung ist noch notwendig

Auf eine Empfängnisverhütung darf nicht verzichtet werden, bis mindestens ein Jahr lang keine Menstruationsblutungen mehr aufgetreten sind, auch wenn es nach dem 40. Lebensjahr immer seltener zu einem Eisprung kommt. Selbst nach dieser Zeit ist ein Eisprung möglich, wobei jedoch die Wahrscheinlichkeit, schwanger zu werden, inzwischen sehr gering geworden ist. Es sollte aber auf keinen Fall die Pille genommen werden, weil die Nebenwirkungen des Östrogens in dieser Phase meistens sehr unerwünscht sind. Auch die Spirale ist nicht empfehlenswert, und zwar wegen der bei einer liegenden Spirale vorkommenden verstärkten Menstruationsblutungen, die im Klimakterium gewisse Gefahrensituationen noch verstärken könnten.

Auch wenn die Wahrscheinlichkeit, schwanger zu werden, im Lauf der Wechseljahre immer geringer wird, ist dennoch eine Verhütung notwendig. Kondome, Scheidendiaphragma und Temperaturmessung sind sichere und verträgliche Methoden.

Dagegen sind das Scheidendiaphragma und das Kondom wesentlich verträglicher und schützen zudem zuverlässiger. Darüber hinaus ist die tägliche Messung der Basaltemperatur, mit der man den Zeitpunkt des Eisprungs und damit die »fruchtbaren Tage« bestimmen kann, sehr zu empfehlen, weil sie auch gleichzeitig einen Überblick über den Ablauf des Zyklus vermittelt. Außerdem erhält der Arzt einen guten Anhaltspunkt für die Entscheidung über eine möglicherweise notwendige Therapie gegen Klimakteriumsbeschwerden aufgrund der täglichen Messdaten.

Das Ausbleiben der Menstruation

Alle Zweifel, ob das Klimakterium eingetreten ist oder nicht, werden dann beseitigt, wenn die Menstruation dauerhaft ausbleibt. Während dieser Zeit der Perimenopause zeigt sich, dass der Menstruationszyklus inzwischen so weit zusammengebrochen ist, entscheidende Hormonveränderungen haben stattgefunden. Meistens bedeutet das, dass LH und FSH in nicht mehr ausreichender Menge vorhanden sind, um die Bildung der Eierstockhormone stimulieren zu können. Dies wiederum heißt, dass der Hormonspiegel nun sehr schnell fällt, weil auch die Eierstockhormone von nun an fehlen werden.

Hitzewallungen als häufigstes Symptom

Man vermutet, dass die Hitzewallungen durch eine Störung im Hypothalamus ausgelöst werden.

In dieser Phase der Menopause ist die so genannte fliegende Hitze das Kennzeichen des Klimakteriums. Sie wird von drei Vierteln der Frauen verspürt, von den einen Frauen als sehr leicht und selten, dagegen von anderen als sehr ausgeprägt und häufig empfunden. Sie kann über Jahre hinweg andauern.

Sicher weiß man nicht, wovon die Hitzewallungen ausgelöst werden, aber man vermutet, dass sie die Folge einer Störung im Hypothalamus sind, der neben seinen Aufgaben für die Fortpflanzung auch für die (wichtigere) Regulation der Körpertemperatur zuständig ist, und dass diese Störung wiederum entweder vom niedrigen Östrogenspiegel oder vom erhöhten FSH-Spiegel im Blut verursacht wird.

Genaues ist darüber nicht bekannt, aber man weiß, dass die Gabe von Östrogenen die Hitzewallungen vermindern, wodurch sehr wahrscheinlich ist, dass sie durch die Hormonstörungen ausgelöst werden. Die Gabe von Östrogenen während des Klimakteriums ist wegen ihrer Risiken und Nebenwirkungen sehr umstritten, sodass kaum jemand nur wegen der Hitzewallungen darauf zurückgreift.

Das Klimakterium – kein Ende, sondern erst der Anfang der zweiten Lebenshälfte.

Trockenheit und Elastizitätsverlust im Bereich der Vagina

Bei vielen Frauen tritt während oder nach der Menopause eine Atrophie im Vaginalbereich ein.

Von etlichen Frauen wird eine nicht sehr angenehme Erscheinung in der Menopause (oder erst danach) verspürt: Die Schleimhautgewebe in der Vagina im Bereich des Scheideneingangs werden dünner, trockener und verlieren an Elastizität, was in der Fachsprache vaginale Atrophie genannt wird.

Dies ist ebenfalls eine Folge des Mangels an Östrogen, das vorher für einen dünnen, klebrigen und klaren Schleim an den Schleimhäuten sorgte. Auch die äußeren Geschlechtsorgane verändern sich leicht, indem beispielsweise die Schamlippen etwas von ihren Fettgewebsschichten verlieren, wodurch die Klitoris stärker herausgehoben wird oder die Schambehaarung lichter wird.

■ Schmerzhafter Geschlechtsverkehr muss nicht sein

Gegenüber dem Partner sollte das Thema Klimakterium und seine Auswirkungen kein Tabu sein, besonders in einer Zeit, in der immer mehr Männer erfahren, dass es auch bei ihnen Wechseljahre gibt, wenn auch in anderer Form. Denn er sollte wissen, dass der Körper seiner Frau (und ihre Seele) jetzt viel partnerschaftliches Einfühlungsvermögen braucht.

Wenn die Frau an vaginaler Atrophie leidet, kann der Geschlechtsverkehr schmerzhaft werden. Dagegen gibt es aber einfache Mittel, die der Partner anwenden kann, wenn er die

Jogurt bei Scheidentrockenheit

Ein bewährtes Hausmittel bei trockener Scheide ist das Einführen von Jogurt einmal wöchentlich in die Scheide, entweder pur oder gemischt mit Pflanzenöl, wobei ein Teelöffel Öl auf einen Teelöffel Jogurt kommt. Dies hilft sowohl gegen die Austrocknung als auch für die Aufrechterhaltung des natürlichen sauren Milieus. Auch eine Pilzinfektion der Scheide kann damit wirkungsvoll therapiert werden.

Situation kennt: Ein langes Vorspiel, am besten mit oraler Betätigung, hilft ausgezeichnet gegen zu trockene Schleimhäute an und in der Vagina, wogegen eine direkte Reizung mit trockenen Fingern absolut lusttötend für die Frau sein wird. Natürlich ist auch der Einsatz von wasserlöslichen Gleitmitteln, die überall in den entsprechenden Geschäften, aber auch in Apotheken und Drogerien erhältlich sind, sehr hilfreich.

Wenn vor Hormonen angesichts der risikofreien Möglichkeiten nicht zurückgeschreckt wird, kann die vaginale Atrophie mit östrogenhaltigen Scheidenzäpfchen oder -cremes bekämpft werden. Auch in diesem Fall muss abgewogen werden, ob die Vorzüge einer solchen Therapie das Risiko wert sind.

Wasserlösliche Gleitmittel aus der Drogerie oder Apotheke sowie östrogenhaltige Scheidenzäpfchen oder -cremes können bei einer trockenen Scheide Linderung verschaffen.

Es soll jedoch darauf hingewiesen werden, dass oft die Anwendung einmal in der Woche ausreicht, um die Beschwerden zu lindern, dies aber zu selten ist, um tatsächlich Nebenwirkungen hervorzurufen.

Kein Verlust der Lust nach der Menopause

Wenn die Östrogene sinken, bekommen die männlichen Androgene, die während des Klimakteriums und danach in gleicher Anzahl im Körper der Frau gebildet werden, einen höheren Anteil gegenüber den weiblichen Hormonen. Deshalb hat auch die Menopause keinen Einfluss auf die Libido der Frau, d. h., sie empfindet die gleichen Lustgefühle wie vorher, wenn nicht sogar mehr.

Diese Ansicht ist aber umstritten, denn der Verlust an Libido wird auch zu den Auswirkungen des Klimakteriums gezählt. Es kann aber allgemein gesagt werden, dass eine Frau, die vor der Menopause befriedigende sexuelle Kontakte und Beziehungen gehabt hat, wahrscheinlich auch weiterhin ein erfülltes Sexualleben haben wird. Auch wenn dies nicht der Fall gewesen sein sollte, kann es während und nach der Menopause zu neuen Begegnungen mit ungestörtem Lustgewinn kommen. Wer nicht rastet, der rostet nicht, könnte in Abwandlung eines Sprichworts gesagt werden, auch wenn es »nur« durch Masturbation geschieht!

Physische und psychische Belastungen

Noch heute sind manche natürlichen Abläufe, besonders wenn sie Frauen betreffen, mit einem Tabu oder gar mit gesellschaftlicher Ächtung belegt. Leider haben sich immer noch viele Frauen so auf diese Situation eingestellt, dass sie diese hinnehmen oder schon längst verinnerlicht haben.

Für viele Frauen bringt das Klimakterium physische und psychische Belastungen mit sich, die vielfach auch durch das fälschlicherweise negative Bild der Wechseljahre verstärkt werden.

Das Klimakterium ist in einem noch stärkeren Maße als die Menstruation ein solches Phänomen mit einem »Negativimage«, denn es wird von nicht wenigen Frauen als das Ende einer progressiven Lebenseinstellung betrachtet, wonach im Prinzip nur noch das Warten auf das Alter folgen könne, wenn man einmal von »langweiligen« Kreuzfahrten, Kaffeekränzchen und Spaziergängen absieht.

In der Einschätzung, dass alles Schöne nun zu Ende sei, fühlen sich viele Frauen noch bestätigt, wenn sie in der Postmenopause nicht nur das Ende der Empfängnisfähigkeit beobachten müssen, sondern zudem auch noch erleben, dass sich dies mit Erscheinungen des allgemeinen Alterungsprozesses unübersehbar verbindet. So kommt es bei manchen Frauen beispielsweise zu ähnlichen Symptomen wie beim prämenstruellen Syndrom (PMS) mit Ödemen, Kopfweh, Verstopfung, Brustveränderungen und psychischer Labilität.

Andere Frauen erleben Schwindelanfälle und/oder Herzklopfen, von denen man glaubt, dass sie durch Störungen in der Regulation des Kreislaufsystems verursacht werden – ähnlich wie auch die Hitzewallungen. Wieder andere werden zunehmend nervös und reizbar, sie leiden unter den häufigen Hitzewallungen und nachfolgenden Schweißausbrüchen mitten in der Nacht und verspüren eine immer größer werdende Müdigkeit wegen der ständigen Schlafunterbrechungen.

■ Die psychische Belastung kann groß sein

Während manche Frauen froh sind, endlich von der Menstruation, dem prämenstruellen Syndrom und den damit verbundenen Beschwerden befreit zu sein, leiden viele darunter, dass nun ein weiterer Lebensabschnitt zu Ende geht. Die Mischung aus Beschwerden, Hormonschwankungen und dem Gefühl, keine sexuell vollkommene Frau mehr zu sein, kann zu Stimmungsschwankungen und/oder sogar zu Gemütsveränderungen führen. Angstattacken und Depressionen können das Gefühl der Schutz- und Wertlosigkeit verstärken, wobei die durch das Klimakterium tatsächlich oder vermeintlich entstehenden eingreifenden Lebensveränderungen nicht oder nur unzureichend psychisch verarbeitet werden.

Frauen müssen sich in dieser Phase mit dem Gedanken auseinander setzen, dass in der Gesellschaft in überwiegendem Maße Attraktivität und Jugend gleichgesetzt werden, was insbesondere für das Frauenbild gilt. Das Altwerden hat vor allem in der Welt des Kommerzes kaum einen positiven Stellenwert, und wenn man bedenkt, dass eine Frau entsprechend ihrer Lebenserwartung erst am Beginn der zweiten Lebenshälfte steht, hat sie zum Zeitpunkt der psychisch belastenden Wechseljahre noch viele Jahre des Alterns vor sich.

■ Positiv in die Zukunft blicken!

Frauen sollten diesem Thema aber nicht aus dem Weg gehen, sondern sich damit schon frühzeitig befassen, sodass der Lebenseinschnitt, den das Klimakterium verursacht, dann nicht zu heftig erscheint.Dies sollte schon weit vor dem Auftreten der ersten Anzeichen des Klimakteriums geschehen.

Auch junge Frauen sollten sich frühzeitig mit dem Älterwerden auseinander setzen und die positiven Seiten sehen.

Sich mit dem Älterwerden zu befassen, erscheint für den Menschen bis 30 eher absurd, obwohl überall das Leben älterer Menschen zu beobachten ist. Es schadet aber nicht, sich einmal selbst in die Lage zu versetzen, um sich psychisch Schritt für Schritt gegen die Folgen des unaufhaltbar fortschreitenden Lebensalters zu wappnen. Es ist von einem jüngeren Menschen vielleicht zu viel verlangt, dem Leben eines älteren Menschen auch noch positive Züge abzugewinnen – aber die Angst davor kann schon damit abgebaut werden, dass man nicht nur Negatives darin sieht!

Beträchtliche Unterschiede bei der Östrogenmenge

Durch unterschiedlich hohe Östrogenmengen variiert der Verlauf der Wechseljahre von Frau zu Frau.

Letztlich haben durch das Klimakterium nur 10 bis 20 Prozent der Frauen überhaupt größere Beschwerden körperlicher und seelischer Art. Ein gleicher Anteil spürt überhaupt nichts von den körperlichen Veränderungen, und die meisten Frauen – etwa zwei Drittel – registrieren nur wenige Beschwerden während der Wechseljahre. Bei diesen Frauen bleibt die Menstruationsblutung nach einigen milden Hitzewallungen und ein paar unregelmäßigen Zyklen einfach aus.

Dafür ergeben sich für Frauen mit größeren Beschwerden massives Unwohlsein und Ärgernisse, die das Leben in dieser Phase stark beeinträchtigen. Warum die Auswirkungen der Wechseljahre sich so stark unterscheiden, liegt wohl in den extremen Variationsmöglichkeiten der Hormone besonders in der Phase einer weit greifenden hormonellen Umstellung begründet.

■ Östrogene werden auch nach der Menopause gebildet

Östrogene werden nach der Menopause nur noch in sehr kleinen Mengen gebildet, die sich jedoch von Frau zu Frau stark

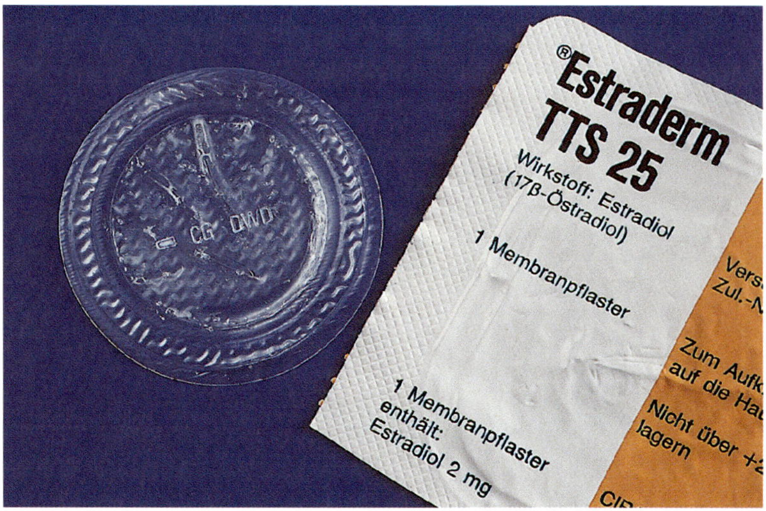

Ein Hormonpflaster mit dem Wirkstoff Östradiol kann Klimakteriumsbeschwerden lindern. Das Hormon gelangt durch die Hautporen in die Blutbahn.

unterscheiden, was bei der normalerweise großen Produktionsmenge vor der Menopause kaum ins Gewicht gefallen ist.

Frauen, die größere Beschwerden jeglicher Art während des Klimakteriums oder danach haben und recht schlank sind, sollten versuchen, einige Pfunde mehr auf die Waage zu bringen, wollen sie nicht auch noch auf die Produktion der wenigen wohltuenden Östrogene nach den Wechseljahren verzichten. Denn die Östrogene werden von den Fettgeweben in der Unterhaut gebildet und vermutlich dort auch gespeichert. Fehlen diese Fettgewebe, können sie auch keine Östrogene bilden und ausschütten.

Keine Angst vor Hormonen?

Inzwischen sehr kontrovers diskutiert wird der Einsatz von Hormonen gegen die Klimakteriumsbeschwerden, wobei die Befürworter (darunter natürlich die Pharmaindustrie) die zweifellos vorhandenen Vorteile herausstreichen und die Gegner auf die Risiken verweisen, denen eine mit Hormonen therapierte Frau ausgesetzt ist.

Gegenwärtig wird der goldene Mittelweg von vielen Ärzten propagiert: Die Behandlung mit Hormonen sollte nur dort eingesetzt werden, wo sie unbedingt notwendig erscheint, ansonsten sollten aber, auch flankierend zu einer Hormontherapie, andere Möglichkeiten ausgeschöpft werden.

Ärzte empfehlen die »goldene Mitte«: Eine Hormonbehandlung sollte wegen der Risiken nur dort eingesetzt werden, wo sie unbedingt nötig ist, ansonsten sollten andere (alternative) Möglichkeiten im Kampf gegen Klimakteriumsbeschwerden genutzt werden.

■ Massive Hilfeleistung ist manchmal notwendig

Die Einstellung, dass das Verhalten von Frauen in den Wechseljahren etwa dem eines neurotischen Kindes entspricht, ein ständiges Ärgernis für den Ehemann und den Arzt, ja eine Bürde für Familie und Freunde darstellt, ist – so hart es auch klingt – noch immer weit verbreitet.

Sie tut aber den Frauen, die unter den Symptomen tatsächlich zu leiden haben, wirklich sehr unrecht. Denn die Beschwerden sind real, und sie sind eindeutig durch physiologische Funktionsstörungen begründet. Diese Frauen brauchen Unterstützung, um über die für sie schlimmsten körperlichen und seelischen

Belastungen hinwegzukommen. Da eine Östrogentherapie mit Risiken verbunden ist und Beruhigungstabletten und andere Psychopharmaka unangenehme Nebenwirkungen haben, sollten vor einer Hormontherapie zunächst einfachere und sicherere Maßnahmen versuchsweise eingeleitet werden.

Es gibt pflanzliche Substanzen, deren Wirkungen denen von Östrogenen nahe kommen. Sie eignen sich gut für eine längerfristige Behandlung.

Besonders in der Anfangsphase der Wechseljahre lassen sich viele Beschwerden mit pflanzlichen Mitteln gut bekämpfen, weil eine Reihe von Pflanzen Substanzen enthalten, die der Wirkung von Östrogenen nahe kommen – diese Stoffe werden als »Phytoöstrogene« bezeichnet. Etwas Geduld muss aber schon aufgebracht werden, wenn man sich den Pflanzen anvertraut, denn sie entfalten ihr heilsames Wirken meist erst im Verlauf von einigen Monaten, dann aber umso beständiger. Auch die homöopathischen Mittel sind bekanntlich auf pflanzlichen Stoffen aufgebaut und eignen sich für eine alternative Therapie von Klimakteriumsbeschwerden.

Aber auch psychosomatischen Ursachen dürfen nicht außer Acht gelassen werden, denn Stress und andere seelische Belastungen können Beschwerden in den Wechseljahren verursachen oder verstärken.

Die (frauen-)ärztliche Kontrolle ist sehr wichtig

Auch nach dem Klimakterium darf die Visitenkarte des Frauenarztes nicht weggeworfen werden. Erst recht nach der Menopause sollten auch weiterhin regelmäßige gynäkologische Untersuchungen stattfinden, um zum einen die aus der Menopause heraus entstandenen Beschwerden im Griff zu behalten und zum anderen die Geschlechtsorgane und die Brüste (neben der regelmäßigen Selbstuntersuchung) dahingehend zu überprüfen, ob sie frei von bedenklichen Veränderungen sind.

Zudem sollte ein Allgemeinmediziner oder Internist mindestens einmal jährlich Blutdruck, Größe und Gewicht messen. Gleichzeitig sollten Routineblut- und Urinuntersuchungen durchgeführt werden. Auch wird der Arzt Vorschläge unterbreiten, welche zusätzlichen Untersuchungen zudem sinnvoll sind.

Die Osteoporose – das Problem Knochenschwund

Während der Menopause und vor allem in den Jahren danach kann es zu einer Gesundheitsstörung kommen, die bei Frauen früher und in schwererer Form auftritt als bei Männern: die Osteoporose, von der etwa ein Viertel der Frauen während oder nach den Wechseljahren heimgesucht wird. Osteoporose bedeutet »poröse Knochen« und bezeichnet eine Erkrankung, in deren Verlauf die Knochensubstanz immer weiter abgebaut wird. Die Dichte der Knochen nimmt ab, sie werden schwächer und poröser. Sie sind dadurch wesentlich anfälliger für Brüche. Osteoporose verursacht meist so lange keine Beschwerden, bis die Knochen derart spröde und schwach sind, dass geringfügige Anlässe schon zu Brüchen führen.

Nach dem 35. Lebensjahr baut der Körper weniger Knochenmasse auf, auch die Aufnahmefähigkeit für Kalzium sinkt. Frühzeitiges Vorbeugen ist daher der beste Schutz vor Osteoporose.

Dass die Krankheit bei Frauen häufiger auftritt als bei Männern liegt daran, dass die Knochen im weiblichen Körper von Anfang an weniger dicht sind. Leider ist es auch so, dass Frauen im Allgemeinen sportlich weniger aktiv sind und so eines der vorbeugenden Mittel gegen die Osteoporose nicht anwenden.

Als verstärkenden Faktor für die ohnehin im Alter eintretende Erkrankung muss der Abfall an Östrogenen während des Klimakteriums genannt werden, weil es dabei zu einer verminderten Kalziumaufnahme aus der Nahrung ins Blut kommt und in der Folge der Kalziumeinbau in die Knochen in zu geringem Maße stattfindet. Neben recht einfachen Mitteln, die vor allem gegen den Kalziummangel ergriffen werden können, kann auch eine Therapie mit Östrogenen eingeleitet werden, um den »alten« Blutspiegel wiederherzustellen und damit den die Krankheit verstärkenden Effekt wegzunehmen. Diese Behandlung müsste allerdings dauerhaft erfolgen, was bei den bekannten Risiken einer (ständigen) Zuführung von Östrogenen (siehe Seite 134 ff.) mit sehr gemischten Gefühlen zu betrachten ist.

Das weibliche Sexualhormon Östradiol in kristalliner Form.

Alternatives gegen Klimakteriumsbeschwerden

Die Inhaltsstoffe der Tollkirsche (Atropa belladonna) helfen in homöopathischer Verdünnung gegen Hitzewallungen und Schlafstörungen.

Ernährung: Eine Überprüfung der Ernährungsgewohnheiten kann der erste Ansatz dazu sein, das Klimakterium sowohl physisch als auch psychisch »in den Griff« zu bekommen. So kann eine Minderung der Verwendung von Kochsalz bei der Bekämpfung von Ödemen (Flüssigkeitseinlagerungen) und anderen Beschwerden helfen. Nicht empfehlenswert sind auch Nahrungsmittel, die größere Mengen an Tyramin enthalten, einer Substanz, die den Blutdruck steigert und beispielsweise in Rotwein, Schokolade, Dosenfisch und geräuchertem Fisch, Avocados, Rosinen, Sojasauce und lang gereiftem Käse vorkommt. Dagegen sollten natürlich diuretische (wassertreibende) Nahrungsmittel (wie Gurke, Sellerie und Rettich) in den Speiseplan aufgenommen werden. Eine ausgewogene Ernährung unterstützt den gesamten Organismus, wobei die zusätzliche Zufuhr von bestimmten Vitaminen während der Menopause besonders hilfreich ist. Bierhefe, ganze Körner und Samen sind die besten natürlichen Quellen für wasserlöslichen Vitamine. Vorsicht ist bei den fettlöslichen Vitaminen A, D, E und K geboten, die der Körper anreichert, sodass er sich bei Überdosierung damit selbst vergiften kann. Manche Frauen erfahren eine Abschwächung ihrer Hitzewallungen durch Vitamin E (vorhanden in ganzen Körnern, Pflanzenölen, Erdnüssen und Lachs), jedoch ist es ratsam, dass Frauen mit Diabetes mellitus, rheumatischer Herzerkrankung oder Bluthochdruck ihre Vitamin-E-Zufuhr auf 125 Internationale Einheiten pro Tag oder weniger beschränken. Vitamin C hilft bei der Resorption von Vitamin E und bei der Vorbeugung von Scheideninfektionen. Kalzium hilft bei der Bekämpfung der Osteoporose – man nimmt es am besten mit Milch, Jogurt und Käse zu sich. Bei sehr langen und starken Menstruationsblutungen kann eine zusätzliche Eisengabe notwendig werden, um einer Anämie (Blutarmut) vorzubeugen.

Regelmäßige körperliche Bewegung wie zügiges Gehen und Schwimmen hält Knochen und Muskeln funktionsfähig. Außerdem wird damit der Muskeltonus erhalten und die Herzleistung gestärkt.

Gleitmittel: Die Verwendung von nicht mit Östrogen versetzten, wasserlöslichen Gleitmitteln in der Vagina hilft bei vaginaler Atrophie.

Pflanzen: Gegen Ödeme und andere, dem prämenstruellen Syndrom ähnliche Beschwerden kann Verschiedenes helfen (siehe Seite 81). Die Wurzeln des Süßholzes (Glycyrrhiza glabra) enthalten eine Substanz, die chemisch mit Östrogen verwandt ist, und die Sarsaparillewurzeln (Smilax officinalis) sind dem Progesteron ähnlich. Ein aus diesen beiden Wurzeln gebrauter Tee wird gegen die Hitzewallungen eingesetzt, ebenso die Wurzel des Ginseng (Panax ginseng), obwohl sie eigentlich als Mittel gegen Müdigkeit und nachlassende Leistungsfähigkeit gilt. Lange und starke Blutungen werden wirksam mit einem Teeaufguss aus Hirtentäschel (Capsella bursa-pastoris) oder aus Bärentraube (Arctostaphylos uva ursi) behandelt.

Auch die folgenden homöopathischen Mittel helfen weiter

- Lachesis muta D12: Das Schlangengift ist sehr geeignet gegen endokrine Störungen von Seiten der Hypophyse.
- Sepia officinalis D12: Der Inhalt des Beutels des Tintenfischs findet erfolgreich Anwendung bei Hitzewallungen.
- Belladonna D6: Das aus der Tollkirsche gewonnene Mittel hilft in den Wechseljahren gegen akut anstürmende Hitze mit Kopfstau und Schlafstörungen.
- Cimicifuga D6: (Wanzenkraut) kann gezielt bei typischen Klimakteriumsbeschwerden angewendet werden: wandernde Muskelschmerzen, Gelenkschmerzen, Schlaflosigkeit durch Grübeln, Platzangst, Druckschmerzen auf dem Herzen.
- Vitex agnus-castus D5 (Mönchspfeffer), Bestandteil des bewährten Präparats Phyto-Hypophyson®L, regt natürlich die Hypophyse an und bessert klimakterische Beschwerden.

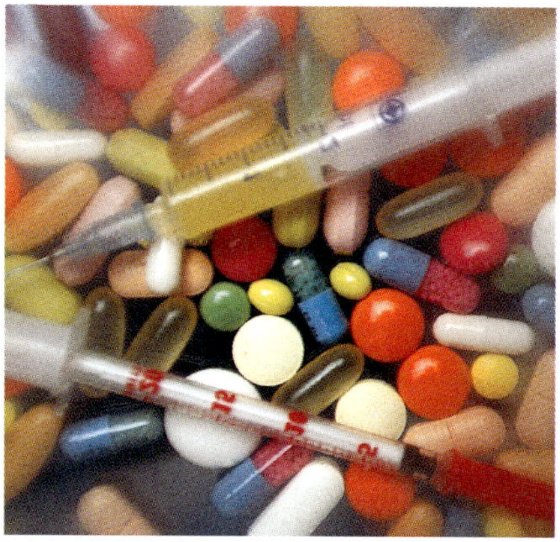

Es gibt eine schier unüberschaubare Vielfalt von Hormonpräparaten.

Allgemeines über die Hormontherapie

Übereinstimmung herrscht – bei aller hitzigen Diskussion über Vor- und Nachteile der Zuführung von Hormonen bei Klimakteriumsbeschwerden – darüber, dass mit dieser Therapie in den meisten Fällen kurz- und langfristige Erfolge erzielt werden können.

Welche Frau kann mit Hormonen behandelt werden?

Sehr gefährliche Nebenwirkungen, die die Vorteile der Hormontherapie bei weitem übersteigen, können bei Frauen auftreten mit Thrombosen oder der Neigung dazu, Sichelzellenanämie, östrogenabhängigen Krebserkrankungen, vaginalen Blutungen unbekannter Ursache, Venenentzündung oder Embolie und Störungen der Nieren- oder Leberfunktion, speziell Hepatitis-Erkrankungen.

Alle anderen, die von Beschwerden gequält werden, welche auf einen Hormonmangel zurückzuführen sind, können mit Hormonen behandelt werden.

Wie lange ist eine Hormonbehandlung notwendig?

Die Dauer einer Hormonbehandlung hängt von den Beschwerden der Einzelnen ab.

Dies hängt davon ab, ob die Frau noch Beschwerden verspürt oder nicht. Es ist ratsam, mit der Hormontherapie einmal zu pausieren, um feststellen zu können, ob die Mangelbeschwerden wieder auftreten, und im Falle der Beschwerdefreiheit die Hormonzuführung zu beenden. Sollten die Symptome aber wieder auftreten, dann müssen die Hormongaben erneut aufgenommen werden.

■ Ein Gespräch mit dem Arzt vor der Hormontherapie

Grundsätzlich sollte jede betroffene Frau vor der Hormontherapie zwei Bereiche mit dem Arzt diskutieren und dabei durchaus Kritisches gegen die Hormontherapie vorbringen. Denn es muss die Angst vor Krebs ausgeräumt und die Bedeutung der monatlichen Blutung geklärt werden, die unter einer Hormonbehandlung während des Klimakteriums wieder auftreten kann.

So werden zwei Arten von Krebsgeschwülsten mit den Hormonen in Zusammenhang gebracht: der Gebärmutterkrebs und der Brustkrebs. Die meisten Ärzte gehen davon aus, dass Hormone, wenn sie in der Form verabreicht werden, wie es der weibliche Organismus über Jahrzehnte selbst tut, nichts Negatives auslösen können, weil mit der Hormongabe ja nur die Natur nachgeahmt wird. Sie sind demzufolge der Meinung, dass bei einer richtigen Dosierung der Körper sogar vor Krebs geschützt wird.

Man bringt zwei Krebsarten mit den Hormonen in Verbindung: Gebärmutter- und Brustkrebs.

Die neuerliche Menstruationsblutung akzeptieren

Zur Gefährlichkeit einer Wiederkehr der Menstruationsblutung nach der Einnahme von Hormonen werden viele Ärzte das Argument anführen, dass dies ein Zeichen für einen gut simulierten Zyklus ist und deshalb besonders positiv bewertet werden kann. Denn damit ist bewiesen, dass kein wesentlicher Östrogenüberschuss, der Krebs verursachen könnte, vorhanden ist, weil die Menstruation ja vom Gelbkörperhormon Progesteron ausgelöst wird.

Heutzutage wird nicht mehr nur Östrogen, sondern auch Progesteron zugeführt.

Deshalb wird heutzutage nicht mehr allein Östrogen, sondern auch Progesteron zugeführt, um die Abstoßung der Gebärmutterschleimhaut zu fördern, sodass sie nicht ungebremst wachsen und möglicherweise gefährlich wuchern kann. Oft wird von Frauen das Ausbleiben der Menstruationsblutung in der Menopause als bequem und angenehm empfunden. Wenn sie nun als Folge der Hormontherapie erneut auftritt, sollte die Frau die wiedergekehrte Blutung akzeptieren und darin einen gesundheitlichen Vorteil erkennen.

Brustkrebs mit der Hormontherapie vermeiden?

Mit der Kombination von Östrogenen und Progesteron verhindert man auch, dass ein Überschuss an Östrogenen unter Umständen Brustkrebs verursachen könnte. In letzter Zeit wurde dieser Zusammenhang aber von der Forschung in Frage gestellt, denn gerade die Frauen mit Mehrlingsgeburten, die auf einen Östrogenüberschuss zurückzuführen sind, müssten statistisch eher an Brustkrebs erkranken als andere Frauen. Das Gegenteil ist aber der Fall: Gerade diese Frauen weisen eine sehr niedrige Rate an Brustkrebs auf, was beweist, dass die Östrogene zumindest nicht allein damit in Zusammenhang gebracht werden können.

Das Prinzip der Hormontherapie im Klimakterium

Das Wiedereinsetzen einer regelmäßigen monatlichen Blutung gilt als Erfolg, denn es zeigt, dass der Zyklus mit der Ergänzung der fehlenden Hormone wieder ins Lot gebracht worden ist.

Wenn also der natürliche Menstruationszyklus mit der Hormontherapie simuliert werden soll, muss die Hormonzuführung entsprechend erfolgen. Da in der ersten Phase des Klimakteriums noch nicht alle Hormone ersetzt werden müssen, weil meistens nur ein Progesteronmangel zu verzeichnen ist, muss vor Behandlungsbeginn die Frage geklärt werden, ob ein Östrogen- oder ein Gelbkörpermangel vorliegt. Entsprechend dem Untersuchungsergebnis wird das mangelnde Hormon in der richtigen Dosis verabreicht. Ob dies geschehen ist, zeigt im positiven Fall das Nachlassen der Beschwerden.

Ist dies nicht der Fall, muss mit einer neuerlichen Bestimmung der Hormonspiegel in Urin und Blut die Hormonverabreichung

Bestimmung der Hormonspiegel im Blut

Eine Blutuntersuchung mit Bestimmung der Hormonspiegel ist angebracht, wenn:

- Beschwerden des Klimakteriums nicht von denen anderer Erkrankungen zu unterscheiden sind.
- Ein Östrogen- von einem Progesteronmangel nur damit zu differenzieren ist.
- In Problemfällen die Konzentration der zugeführten Hormone im Blut überwacht werden muss.

neu eingestellt werden. Es ist dabei nachzuvollziehen, dass das Eintreten einer regelmäßigen monatlichen Blutung als Erfolg verbucht werden kann. Denn dann ist es gelungen, den Zyklus mit der Ergänzung der fehlenden Hormone wieder genau ins Lot zu bringen.

■ Östrogen wird nur zusammen mit Progesteron verabreicht

Komplizierte Untersuchungen sind nicht notwendig, wenn die Symptome des Klimakteriums klar sind und auch das Alter der Frau dazu passt. Hitzewallungen, Schweißausbrüche, Schlaflosigkeit, Gelenkschmerzen und Probleme mit der Haut deuten auf einen Östrogenmangel hin, der mit einer Östrogen-Progesteron-Behandlung ausgeglichen werden kann.

Östrogenmangel zeigt sich in Hitzewallungen, Schweißausbrüchen, Schlaflosigkeit und Gelenkschmerzen.

Trotz des Östrogenmangels kommt eine reine Östrogenzufuhr nicht in Frage, weil die Risiken eines Östrogenüberschusses vermieden werden sollen. Man wird zunächst auch mit der niedrigsten Östrogendosis beginnen und sie gegebenenfalls schrittweise erhöhen, bis ein Erfolg eingetreten ist. Besteht nur ein Progesteronmangel, so kann dem mit einer reinen Progesterongabe begegnet werden. Die Symptome gleichen denen eines Östrogenüberschusses, denn dies ist ja auch im Verhältnis zwischen Östrogen und Progesteron der Fall, auch wenn die Menge an Östrogen eigentlich normal groß ist.

■ Hormone gegen die vorzeitigen Wechseljahre

Es ist nicht völlig ausgeschlossen, dass Frauen, bei denen die Wechseljahre vorzeitig eingetreten sind, trotzdem noch schwanger werden können. So sind Schwangerschaften nach einer zyklischen Behandlung mit Östrogen-Gestagenen-Kombinationen, aber auch während eines Auslassversuchs der Hormonsubstitution eingetreten. Weitere folgende Behandlungsformen bergen die Chance einer Schwangerschaft in sich: die Behandlung mit Ovulationshemmern (beispielsweise der Antibabypille), mit hochdosiertem Gonadotropin (auch in Kombination mit Östrogenen) sowie eine Behandlung mit Glukokortikoiden.

Schwangerschaften können auch in den Wechseljahren nicht vollkommen ausgeschlossen werden.

Die medizinisch mögliche Eizellspende (in der Fachsprache »In-vitro-Fertilisation« genannt) ist in der Bundesrepublik nach dem Embryonenschutzgesetz verboten.

Die Hormontherapie im Einzelnen

Es können naturgemäß nur solche Hormone zugeführt werden, die normalerweise im weiblichen Körper gebildet und ausgeschüttet werden: die Östrogene, das Gelbkörperhormon und männliche Hormone.

Die Östrogene

Für die so genannte Östrogensubstitutionstherapie bieten sich Östradiol, Östron und Östriol an.

Über 20 verschiedene Arten der Östrogene sind bekannt, von denen drei für die Therapie der Klimakteriumsbeschwerden angewendet werden: Östradiol, Östron und Östriol. Die Therapie mit Östrogenen gegen Klimakteriumsbeschwerden wird in der Fachsprache Östrogensubstitutionstherapie genannt.

Östradiol

Das am häufigsten von den weiblichen Keimdrüsen gebildete Östrogen ist das Östradiol. Wird zum Zeitpunkt des Eisprungs aus einer Vene eine Blutprobe entnommen, so befinden sich in einem Milliliter Blutserum 200 bis 300 Pikogramm Östradiol, dagegen sind es nach der Menstruation nur 50 Pikogramm pro Milliliter. Diese beiden Mengen sind die Extreme, womit klar ist, dass diese Werte während der Hormontherapie nicht überschritten oder unterschritten werden dürfen.

■ Östradiol als Pulver

Das Östradiol ist ein sehr empfindlicher Wirkstoff, der nach einer oralen Einnahme nach dem Eintreffen im Magen vom Magensaft sofort in seine Bestandteile zerlegt und zerstört werden würde. Deshalb kann die Zufuhr von Östradiol nicht in Tablettenform erfolgen. Der Magen kann jedoch »überlistet« werden, indem Kristalle, also die mikroskopisch kleinen Bestandteile des Pulvers, mit Östradiol verbunden werden, was als mikronisiertes Östradiol bezeichnet wird. Diese harten Strukturen kann der Magensaft nur schwer abbauen, und das Östradiol kann über die Magen- und Darmschleimhäute in die Blutbahnen vordringen. Der Vorteil des Weges über den Magen- und Darmtrakt ist, dass das Hormon gleichmäßig über den ganzen Tag in das Blut abgegeben wird und dabei keine Konzentrationsspitzen im Blut auftreten können.

■ Östradiolinjektionen

Um die Belastung von Magen und Darm zu umgehen, kann Östradiol auch mit einer Spritze direkt in die Blutbahn gegeben werden. Der Vorteil ist, dass die tägliche Pilleneinnahme entfällt und keine Belastung des Magen-Darm-Trakts erfolgt. Ein nicht zu unterschätzender Nachteil ist ein hoher Östrogenspiegel unmittelbar nach der Injektion, der Symptome eines Östrogenüberschusses nach sich ziehen kann. Vor allem eignet sich diese Form der Behandlung für Patientinnen, denen die Gebärmutter operativ entfernt wurde. Bei anderen Frauen sind unregelmäßige Blutungen möglich, was eine zusätzliche Gabe von Gelbkörperhormon in Pillen- oder Zäpfchenform notwendig macht.

Östradiolinjektionen haben den Vorteil, dass die tägliche Pilleneinnahme wegfällt. Es kommt auch nicht zu einer Belastung des Magen-Darm-Trakts.

■ Östradiol als Kristall

Wenn die Wirkungsdauer verlängert werden soll, kann das Östradiol als kleiner Kristall unter die Haut implantiert werden. Dies erfordert einen so minimalen Eingriff, dass man dafür nicht einmal eine örtliche Betäubung benötigt.

Der nur wenige Millimeter lange Kristall wird mit einem Gerät unter die Haut geschoben und gibt dort gleichmäßig das Östradiol in die Blutbahn ab. Die Vorteile liegen darin, dass der Magen-Darm-Trakt nicht belastet und eine längere Wirkungsdauer als mit der Injektion sowie ein gleichmäßigerer Blutspiegel erreicht wird. Nachteile liegen in der Art der Anwendung und der Unmöglichkeit, den Kristall bei einer unerwarteten Reaktion des Hormonsystems wieder zu entfernen. Wegen der Gefahr von unregelmäßigen Blutungen sollte auch der Kristall vor allem bei Frauen ohne Gebärmutter angewendet werden.

■ Östradiolpflaster

Die Hormonersatztherapie kann auf verschiedenen Wegen erfolgen. Möglich sind:
- *Pulver*
- *Injektionen*
- *Kristallimplantationen*
- *Pflaster*
- *Salben*

Ein Pflaster kann nicht nur zum Schutz der Haut angewendet werden, sondern ein darauf aufgetragener Wirkstoff gelangt durch die Poren der Haut bis in die Blutbahnen. Der Vorteil liegt auch bei dieser Anwendung darin, dass der Magen-Darm-Trakt umgangen wird und damit die Abbauprodukte, die zuweilen eine Unverträglichkeit hervorrufen können, dort fehlen. Als Nachteil muss allerdings angeführt werden, dass die Haut auf das Pflaster allergisch reagieren kann. Zudem ist das Pflaster bei manchen Frauen nicht beliebt, weil es für den Sexualpartner sichtbar am Körper getragen wird und sie befürchten, als unvollkommene Frau in dessen Bewusstsein zu rücken. Das Östradiolpflaster TFS gibt es in drei Stärken, wobei die schwächste Form, das TTS 25, für die Behandlung von Klimakteriumsbeschwerden nicht ausreicht. Dagegen sind die stärkeren Östradiolpflaster TYS 50 und TTS 100 für diesen Zweck sehr gut geeignet.

■ Östradiolsalbe

Von der Salbe werden ungefähr drei Zentimeter Tubeninhalt täglich in die Haut massiert und damit jene Konzentration erzielt, die der Körper benötigt. Dies eröffnet die Möglichkeit, dass Frauen die Dosierung entsprechend dem Grad ihrer Beschwerden selbst bestimmen können. Die Vorteile sind die des Pflasters, wobei darüber hinaus die Salbe aber keine Allergie der Haut verursacht und diskret angewendet werden kann. Ein Nachteil ist allerdings die unterschiedliche Resorptionsrate (die Aufnahme des Wirkstoffs über die Haut in die Blutbahn), die manchmal einen zu geringen Blutspiegel des Hormons verursacht.

Auch während einer Pflaster- und Salbenbehandlung mit Östradiol müssen zum Schutz der Gebärmutterschleimhaut zusätzlich Gelbkörperhormone (meist in Pillen- oder Zäpfchenform) verabreicht werden!

Östriol

Östriol ist ein schwächer wirkendes Östrogen. Seine Anwendungsgebiete liegen in den Schleimhäuten.

Auch das Östriol kann während des Klimakteriums sinnvoll eingesetzt werden. Die Anwendungsgebiete dieses schwächer wirkenden Östrogens sind die Schleimhäute, die sich mit Östriol sehr gut regenerieren. Dementsprechend hilft Östriol gut bei trockener Scheide, Blasenstörungen und Juckreiz an den äußeren Geschlechtsteilen. Gegen alle anderen Beschwerden des Klimakteriums hat Östriol keine Wirkung, weshalb oft zusätzlich noch Östradiol eingesetzt werden muss.

Das Östriol gibt es in Tablettenform, als Scheidenzäpfchen und auch als Salbe, mit der die äußeren Geschlechtsteile behandelt werden sollen, wenn die Schleimhaut dünn und der schützende Schleim weniger und/oder dünner werden.

Die Vorteile sind also in einer sehr guten Wirksamkeit auf die Blase und die Scheide zu sehen und die Gebärmutterschleimhaut bleibt unberührt, wodurch keine Blutung hervorgerufen wird. Der Nachteil ist, dass Östriol keinen Schutzeffekt auf die Knochen und wenig Einfluss auf die Hitzewallungen zeigt, sodass es gegebenenfalls mit anderen Östrogenen ergänzt werden muss.

Östron

Östron ist die Speicherform von Östradiol, wodurch das Östrogen stets bei Bedarf abgerufen werden kann. Die Speicherform Östron kann in Form einer Pille dem Körper direkt zugeführt werden. Es wird aus dem Harn trächtiger Stuten gewonnen, der das Östron in so hoher Konzentration enthält, dass es leicht isoliert werden kann. Das Östron tritt nie rein, sondern stets an Schwefelsäure gebunden auf – diese Form wird als »konjugiertes« Östrogen bezeichnet.

Neben Östron gewinnt man noch sieben weitere Östrogene aus dem Harn trächtiger Stuten.

Man gewinnt aus dem Harn der trächtigen Stuten aber nicht nur das Östron, sondern sieben weitere Verbindungen, von denen es vier beim Menschen nicht gibt. Durch die Verabreichung in Pillen entsteht das Problem, dass der Abbau des Östrons zu schnell vor sich geht, was verhindert werden muss. Dies geschieht, indem das ebenfalls damit gebundene Pferdeeiweiß vom menschlichen Körper nur langsam abgebaut werden kann, wodurch das Östron ausreichend lange im weiblichen Organismus erhalten bleibt. Deshalb gehört das Östron zu den stark wirksamen Östrogenen und kommt dann zur Anwendung, wenn die Knochen durch Osteoporose gefährdet sind und eine starke Schutzwirkung notwendig ist. Der Nachteil ist die Leberbelastung bei in dieser Hinsicht besonders gefährdeten Frauen.

Gelbkörperhormon

Wir haben bereits erwähnt, dass zusätzlich zum Östrogen immer das Progesteron als Gelbkörperhormon verabreicht wird, um die Östrogene daran zu hindern, die Gebärmutterschleimhaut in unerwünschter Weise zum Wachstum anzuregen, sie also »in Schach« zu halten. Zum Schutz der Gebärmutterschleimhaut enthalten die meisten Östrogenpräparate zusätzlich ein sogenanntes Gestagen, welches das vor den Wechseljahren ebenfalls in den Eierstöcken gebildete Gelbkörperhormon ersetzt. Einige Gestagenformen können die günstige Östrogenwirkung auf die Blutfette abschwächen. Diese Gefahr besteht nicht, wenn das Kombinationspräparat ein Gestagen enthält, das dem natürlichen Gelbkörperhormon der Frau weitestgehend entspricht (zum Beispiel das seit Jahrzehnten bewährte, verschreibungspflichtige »Presomen®28 compositum 0,6« von Solvay). Diese Mittel mit natürlichen Östrogenen, die in den Wechseljahren eingesetzt werden, sind mit der »Pille«, in der synthetische Östrogene in viel höherer Konzentration verwendet werden, nicht zu vergleichen. Durch Hinzufügen dieser natürlichen Östrogene lässt sich das ehemals vorhandene Hormongleichgewicht des weiblichen Körpers wiederherstellen. Dafür muss das Östrogen, zum Beispiel in Form von Dragees, regelmäßig zugeführt werden. Und das am besten über Jahre hinweg, da verschiedene Beobachtungen gezeigt haben, dass Frauen, die während und nach den Wechseljahren mit natürlichen Östrogenen behandelt wurden, ein bis zu 50 Prozent niedrigeres Risiko haben, einem Herzinfarkt zu erliegen, als Frauen, die keine Östrogene einnehmen.

Eine Injektion männlicher Hormone (Androgene), zusammen mit Östrogenen, ist bei manchen Ärzten als Therapie von Klimakteriumsbeschwerden recht beliebt, da sie sehr wirkungsvoll ist. Allerdings kann bei längerer Anwendung eine »Vermännlichung« eintreten: die Stimme wird tiefer, Bartwuchs kann einsetzen.

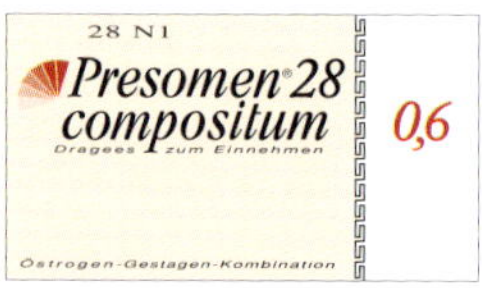

Das langjährig bewährte Kombinationspräparat „Presomen®28 compositum 0,6" wird zur Wiederherstellung des Hormongleichgewichts oft vom Arzt verordnet

Die männlichen Hormone (Androgene)

Die Androgene werden auch noch in den Wechseljahren weiter erzeugt und lassen deshalb im Klimakterium kein akutes Defizit entstehen. Dieser Umstand spricht auch gegen einen Libidoverlust der Frau im Klimakterium, was allerdings umstritten ist – aber die betroffene Frau wird es ja wohl am besten wissen! Eine Gabe von Androgenen (zusammen mit Östrogenen) in Form einer Injektion ist bei manchen Ärzten recht beliebt, denn schon kurze Zeit später sind die meisten Klimakteriumsbeschwerden wie »weggeblasen«.

Die Produktion von Androgenen auch im Klimakterium wirkt gegen einen Verlust der Libido.

Ob jedoch eine Frau es so angenehm findet, dass ihre weiblichen Probleme zugunsten einer hormonellen Veränderung zum Männlichen hin gelöst werden, erscheint zumindest zweifelhaft. Auch löst die Injektion mit ihrer direkten Gabe der gesamten Dosis in die Blutbahnen der Frau eine Androgenüberflutung aus, die bei einer Anwendung über einen längeren Zeitraum hinweg schon einmal Vermännlichungserscheinungen auslösen kann, wie beispielsweise eine tiefere Stimme und einen beginnenden Bartwuchs.

Zu diesen Erscheinungen, die von der Betroffenen oftmals bereits als eine starke Beeinträchtigung ihrer Weiblichkeit begriffen werden, kann noch ein normalerweise den Männern vorbehaltener Haarausfall hinzukommen. Bei der weiblichen Form des hormongesteuerten Haarausfalls bleibt in der Regel der Haaransatz erhalten, während es in der Scheitelregion zu einer mehr oder weniger starken Haarlichtung kommt. Allein diese Erscheinung kann für eine Frau derart belastend sein, dass es zu psychosomatischen Störungen kommt.

Eine starke Beeinträchtigung kann der eigentlich Männern vorbehaltene Haarausfall sein.

■ Haarausfall – auch in den Wechseljahren sind nicht immer die Hormone schuld

Nun ist die weibliche Form des vermehrten Haarausfalls nicht immer nur die Folge eines im Klimakterium auftretenden Androgenüberschusses, denn auch andere Ursachen sind durchaus denkbar, die zufällig zeitgleich mit den Wechseljahren auftreten können: Dazu gehören in erster Linie die Einnahme von Medikamenten (z. B. gegen Gicht, Pilzinfektionen, Malaria, zur Hemmung der Blutgerinnung, zur Verhinderung von Krampfanfällen, zur Senkung des Blutfettspiegels, zur Beeinflussung der Schilddrüsenfunktion), eine Erkrankung an Diabetes mellitus, Fehlfunktionen der Schilddrüse, die Notwendigkeit einer Chemotherapie, über einen längeren Zeitraum andauernder Stress, die Einwirkung von Chemikalien oder anderen Umweltgiften, mechanische Einwirkungen durch das häufige Tragen eines Helms oder ähnlicher Kopfbedeckungen, haarschädigende Praktiken in der Haarpflege, ungesunde Essgewohnheiten und schwere Allgemeinerkrankungen.

■ Gründe für den Haarausfall

Durch eine Blutbildbestimmung und den »DMPS-Test« werden Erkrankungen und Mangelerscheinungen erkannt oder ausgeschlossen.

Um den tatsächlichen Auslösern auf die Spur zu kommen, ist es notwendig, genaue Untersuchungen einzuleiten, in der Erkrankungen und Mangelerscheinungen ausgeschlossen werden. Dies geschieht mit einer Blutbildbestimmung, durch die geklärt wird, wie viel Eisen, Zink, Ferritin und Vitamine A, D, E und F sowie Leberenzyme und Lipide dem Organismus zur Verfügung stehen. Zudem wird durch einen speziellen Test (der »DMPS-Test«) nach Schwermetallen im Körper der Frau gefahndet, denn in einer Untersuchung bei 155 betroffenen Patientinnen wiesen immerhin 51 Prozent eine Schwermetallbelastung auf, die ebenfalls als Ursache für den Haarausfall in Frage kommt. Von diesen Patientinnen zeigten wiederum 49 Prozent eine erhöhte Quecksilberbelastung, deren Höhe in deutlicher Abhängigkeit zur Anzahl der Amalgamfüllungen in den Zähnen stand.

Als zweithäufigster Grund für den weiblichen Haarausfall (35 Prozent) war ein Eisenmangel zu verzeichnen, der bei Frauen allgemein nicht selten ist, jedoch durch entsprechende Präparate unkompliziert behoben werden kann. Interessant und bedrückend zugleich ist, dass in der Untersuchung bei immerhin 26 Prozent der Betroffenen eine Belastung durch Holzschutzmittel nachgewiesen werden konnte.

Homonbehandlung bringt meistens Besserung

Erst wenn alle anderen Ursachen ausgeschlossen werden können bzw. deren Folgen durch entsprechende haarschonende Verhaltensweisen ausgeschaltet werden, richtet sich das Augenmerk wieder auf den Androgenüberschuss im Hormonhaushalt. Hinweise auf diesen Überschuss können naturgemäß auch andere Formen der Androgenisierung sein, beispielsweise das Auftreten von Akne, eine gesteigerte Talgproduktion der Kopfhaut und eine für Frauen abnormale Behaarung der Körper- und Gesichtshaut.

Der Gynäkologe wird in diesem Fall die Einnahme von Hormonen in Form einer Östrogen-Gestagen-Kombination empfehlen, wobei das Gestagen eine antiandrogene Wirkung entfaltet, sodass innerhalb von wenigen Monaten meistens eine deutliche Abnahme aller androgenen Erscheinungen zu beobachten ist. Denkbar ist auch der lokale Einsatz von östrogenhaltigen Haarshampoos oder Haarwässern – hierüber liegen jedoch bislang keine exakten klinischen Studien mit dem entsprechenden Wirkungsnachweis vor.

Thymusextrakt in Shampoo und Haarwasser

Positive Erfahrungen konnten an der Universitäts-Frauenklinik Heidelberg und der Hautklinik in Darmstadt durch den Einsatz eines thymushaltigen Organextrakts in Haarshampoo und Haarwasser gemacht werden, die unter dem Namen Thymu-Skin erhältlich sind. So wurde in einer Untersuchung nach einer Anwendungsdauer von 12 Monaten bei etwa zwei Dritteln der Patientinnen eine eindeutige Besserung des androgenbedingten Haarausfalls beobachtet, wobei in der Mehrzahl der Fälle ein verstärktes Nachwachsen der vorhandenen Haare sowie in einigen Fällen ein Neuwachstum festzustellen war. Dabei wurde das Shampoo jeden zweiten Tag angewendet; bei der Haarwasserkur erfolgte die Anwendung einmal, in den ersten zwei Wochen zweimal täglich.

Thymushaltige Haarshampoos und Haarwässer können Besserung bei androgenbedingtem Haarausfall schaffen.

Wechseljahre vorbei – was nun?

Es darf bei all den aufgezeigten Problemen in den Wechseljahren und deren Therapien nicht in Vergessenheit geraten, dass der überwiegende Teil der Frauen nur geringe Beschwerden in dieser Zeit hat. Trotzdem geht mit dem Ausbleiben der Monatsblutung die Gewissheit einher, dass der Übergang in die zweite Lebenshälfte tatsächlich erfolgt ist, auch wenn damit angesichts der fehlenden Wechseljahrebeschwerden erst einmal keine nennenswerten Veränderungen des Lebens einhergehen: Ein beschleunigter Alterungsprozess ist nicht erkennbar, der Sex in der Partnerschaft ändert sich nicht, im Beruf geht alles seinen gewohnten Gang, und die körperliche Fitness ist auch nicht schlechter als zuvor.

Die Wechseljahre beeinträchtigen die körperliche Fitness nicht. Daher ändert sie sich auch nach den Wechseljahren nicht.

Hormone nach den Wechseljahren?

Nach den Wechseljahren werden auch weiterhin Östrogene gebildet, Gestagen jedoch wird nicht mehr produziert.

Aus medizinischer Sicht gesehen, ist das Ausbleiben der Östrogenproduktion in den Eierstöcken nach den Wechseljahren der körperlich einschneidenste Vorgang, weil er unweigerlich mit Unfruchtbarkeit verbunden ist. Darüber hinaus wird dadurch aber keine gesundheitliche Störung verursacht, weil weiterhin Östrogene in kleinerer Menge in den Fettgeweben der Unterhaut gebildet werden – bei sehr schlanken Frauen geschieht dies infolge des fast fehlenden Fettgewebes in äußerst geringer, oft nicht ausreichender Menge. Schließlich stellt der Körper auch die Produktion von Gestagenen ein, was normalerweise ebenfalls keine gesundheitlich bedenklichen Folgen hervorruft. Warum also sollten Frauen nach dem Klimakterium Hormonpräparate zu sich nehmen, wenn sie keine Beschwerden (mehr) haben?

Östrogenmangel als Hypothek für die Gesundheit

Letztlich ist es in den meisten Fällen ein Östrogenmangel, der nach den Wechseljahren zu gesundheitlichen Problemen führen kann. Nur bei der Entstehung von Brustkrebs vermutet man inzwischen ein ungünstiges Zusammenwirken von Östrogen und Progesteron als Ursache der Zellwucherung. Fast alle Östrogenmangelerscheinungen sind bereits während der Wechseljahre vorhanden, deren Wirkungen sind jedoch zu dieser Zeit noch kaum spürbar. Im Alter können sie aber durchaus zu gesundheitlichen Störungen bzw. zu unangenehmen Begleiterscheinungen führen. Zu ihnen zählen:

Als Ursache für die Zellwucherung bei der Entstehung von Brustkrebs vermutet man ein wenig günstiges Zusammenwirken von Progesteron und Östrogenen.

- Knochenschwund (Osteoporose)
- Neigung zu Herz-Kreislauf-Beschwerden (Angina pectoris) und Herzinfarkt
- Rückbildung der Schleimhäute von Scheide, Harnröhre und Harnblase
- Abnahme der Hautdicke
- Schlaffwerden von Haut und Brüsten
- Neigung zu Übergewicht
- Bluthochdruck
- Arterienverkalkung

Bereits während des Klimakteriums kann es zu folgenden Beschwerden kommen:

- leichte Depressionen und Niedergeschlagenheit
- Schlafstörungen
- Blasenschwäche (Inkontinenz)

Die Gefahr von Osteoporose ernst nehmen!

Die massivste gesundheitliche Bedrohung als Folge des Klimakteriums ist zweifellos die Osteoporose. Sie ist eine Stoffwechselkrankheit der Knochen, bei der knöcherne Substanz schwindet und die Knochenfestigkeit allmählich nachlässt. Die Folge ist, dass Knochen auch bei an sich geringfügiger Einwirkung, etwa durch leichte Stürze, brechen. Je älter die Betroffenen werden, umso leichter kommt es zu Knochenbrüchen bei Stürzen. Besonders gefürchtet ist dabei der Bruch des Oberschenkelhalsknochens, der eine lange Bettlägerigkeit nach sich zieht, weil auch der Heilungsprozess durch die Osteoporose stark behindert ist. Für nicht wenige der Betroffenen über einem Alter von 80 Jahren verläuft ein Oberschenkelbruch nach jahrelanger Bettlägerigkeit tödlich!

Osteoporose als typisches Frauenleiden

Die weibliche Knochenmasse ist weniger dicht als die männliche. Allgemein weniger Bewegung führt zudem zu einer verminderten Regeneration der Knochenzellen.

Frauen sind von der Osteoporose in wesentlich stärkerem Maße betroffen als Männer: Dies liegt zum einen daran, dass die männlichen Knochen von Anfang an eine dichtere Knochenmasse aufweisen als bei den Frauen und dass zum anderen Frauen im Allgemeinen weniger körperlich aktiv sind als Männer, was offensichtlich zur verminderten Regeneration der Knochenzellen führt. Hinzu kommt, dass das Testosteron, das beim Mann den Stoffwechsel der Knochen unterstützt, lange nicht so rasch abgebaut wird, wie das Östrogen bei den Frauen in den Wechseljahren. Der verstärkte Abbau von Knochenmasse bei Frauen von Beginn der Wechseljahre an ist eine Folge davon, dass der Abfall des Östrogenspiegels eine verminderte Kalziumaufnahme verursacht, die für die vollständige Regeneration der Knochen unabdingbar ist. So ist im Alter von 75 Jahren der Knochenschwund der Wirbelsäule bei Frauen viermal so hoch wie bei den Männern, und Brüche des Oberschenkelknochens treten zweieinhalbmal so häufig auf. Insgesamt sind in diesem Alter etwa 90 Prozent der Frauen von einer mehr oder weniger starken Osteoporose betroffen.

Unter den Frauen wiederum gibt es eine auffällige Häufung von Osteoporose bei folgenden Gruppen, die alle eines gemeinsam haben – die Lebensphase, in der Östrogene in größerer Menge produziert wurden, ist kürzer als bei anderen Frauen:

- Frauen, deren letzte Monatsblutung vor dem 40. Lebensjahr erfolgt ist
- Frauen, deren Pubertät sehr spät eingetreten ist
- Frauen, deren Pubertät spät und die Wechseljahre früh eingesetzt haben

Weiter kommen als Ursachen eine unbehandelte Schilddrüsenüberfunktion, eine Langzeitbehandlung mit Kortison und auch eine genetische Disposition (Vererbung) in Frage.

Hormonersatztherapie – einzige Hilfe gegen Osteoporose?

Derzeit wird heftig darüber diskutiert, ob sich eine generelle Untersuchung der Knochendichte bei Frauen nach der Menopause mit einer anschließenden Hormonersatztherapie – wenn sie denn vom Arzt tatsächlich als notwendig erachtet wird – für das Gesundheitssystem in Deutschland, gemessen an den enorm hohen Kosten der Behandlung von Knochenbrüchen im Alter, lohnen würde. Mit berücksichtigt wird dabei, dass sich sozusagen nebenbei auch das Herzinfarktrisiko vermindert.

Die wahrscheinlich wirksamste Methode, um der Osteoporose Einhalt zu gebieten, ist die Zugabe von Östrogenen.

Wenn man diese rein volkswirtschaftlich orientierte Sichtweise, bei der die Kosten für ein Jahr Lebensverlängerung berechnet werden, außer Acht lässt und allein den rein ethischen Blickwinkel in der Diskussion einnimmt, so muss man allerdings dagegen halten, dass eine Reihenuntersuchung unbedingt angebracht ist, weil die technischen Mittel hierfür ja vorhanden sind. Denn einerseits können Frauen, bei denen die Untersuchung ein erhöhtes Risiko erkennen lässt, rechtzeitig gezielte Vorbeugungsmaßnahmen ergreifen, und andererseits brauchen Frauen nicht unnötig profilaktisch behandelt werden, wenn die Untersuchung eine normale Knochenmassendichte ergibt.

Nur eine Untersuchung der Knochenmarkdichte gibt Aufschluss über eine notwendige Behandlung.

Wird nach der Menopause eine zu geringe Dichte der Knochenmasse diagnostiziert, so heißt das jedoch nicht, dass bereits zu diesem Zeitpunkt ein erhöhtes Risiko eines Knochenbruchs besteht. Prekär wird die Situation erst etwa 10 bis 20 Jahre später, wenn die Osteoporose bis dahin ungehindert fortschreiten konnte. Alles, was ab den Wechseljahren gegen den Knochenschwund unternommen wird, ist also zunächst vorbeugender Natur. Tatsächlich ist die Gabe von Östrogenen die wirksamste Methode, der Osteoporose (und anderen gesundheitsschädlichen Entwicklungen) Einhalt zu gebieten. Trotzdem ist es bei aller Euphorie über die Behandlungserfolge angebracht, das Für und Wider einer Hormonersatztherapie sorgsam abzuwägen. Denn Östrogene gegen Osteoporose erfolgreich einzusetzen heißt, dass die Hormone das ganze Leben lang verabreicht werden müssen, wodurch die Risiken der Hormonbehandlung zusätzlich verstärkt werden (siehe Kasten Seite 151). Wenn bei einer Frau ein erhöhtes Osteoporoserisiko besteht, weil sie zu den Risikogruppen gehört und zusätzlich eine Knochendichtemessung einen besorgniserregenden Befund ergeben hat, wird sie wohl die Risiken einer Hormonersatztherapie billigend in Kauf nehmen, denn die Aussicht, im Alter bei jedem kleinen Ausrutscher schwere Knochenbrüche davonzutragen, ist wohl bei weitem abschreckender, als daran zu denken, dass eines der bekannten Risiken eintreten könnte. Dazu kommt, dass die Risiken durch die zusätzliche Gabe von Progesteron gemindert werden können.

Wer darf keine Östrogene zu sich nehmen?

Es gibt einige Gruppen von Frauen, die auf jeden Fall die Einnahme von Östrogenen vermeiden sollten. Zu ihnen gehören z. B. Frauen mit hohen Triglyzeridwerten im Blut.

Entsprechend den Risiken einer Hormonersatztherapie können Gruppen von Frauen definiert werden, die keine Östrogene oder nur in ganz bestimmter Art zu sich nehmen sollten, wenn Gesundheitsstörungen vorliegen, die durch die Einnahme von Östrogenen verstärkt werden können:

- Östrogenabhängig wachsende Tumoren der Brust, der Gebärmutter oder der Eierstöcke
- Östrogenabhängig wachsende Zysten an den Eierstöcken
- Thrombosen, Venenentzündungen, Embolien oder eine vererbte Veranlagung hierzu
- Hohe Triglyzeridwerte im Blut
- Rauchen, weil damit das Thromboserisiko verstärkt wird und möglicherweise positive Effekte der Hormonersatztherapie auf Herz und Kreislauf eliminiert werden

Risiken einer Hormonersatztherapie nach der Menopause

Bei der Abwägung, ob eine Hormonersatztherapie sinnvoll ist oder nicht, sollten selbstverständlich vor allem ihre Risiken, die allerdings bis heute noch nicht endgültig bewiesen werden konnten, bedacht werden:

- Das mit einer reinen Östrogengabe (die so genannte Monotherapie) stimulierte Wachstum der Gebärmutterschleimhaut ohne deren Abstoßung kann zu Gebärmutterkrebs führen. Aus diesem Grund wird bei Frauen, deren Gebärmutter nicht durch eine Operation entfernt wurde, immer eine Kombinationstherapie mit Östrogenen und Gestagenen empfohlen.
- Die unangenehme Einwirkung überschüssiger Östrogene auf das Brustgewebe ist unbestritten, denn sie machen sich dort durch schmerzhafte Spannungsgefühle bemerkbar, was bei einer Hormonersatztherapie auf eine Überdosierung von Östrogenen hinweist. Letztendlich konnte bisher aber nicht bewiesen werden, ob die Östrogengabe tatsächlich Brustkrebs auslösen kann – fest steht nur, dass Östrogene das Zellwachstum fördern. Deshalb liegt der Verdacht nahe, dass bei Frauen, die ohnehin an Brustkrebs erkranken würden, dies durch die Hormonersatztherapie beschleunigt werden könnte. Auch konnte bisher nicht zweifelsfrei geklärt werden, ob zusätzlich verabreichte Gestagene das Brustkrebsrisiko (wie dies bei der Gebärmutter der Fall ist) vermindern können oder sie gar erhöhen.
- Ebenfalls relativiert zu betrachten ist das durch die Östrogene verstärkte Thromboserisiko. Das Hormon trägt erheblich zur Gerinnselbildung bei. Denn zum einen ist dieses Risiko ab einem Alter von 50 ohnehin erhöht und zum anderen geht es um eine eher geringfügige Steigerung von einem Fall auf drei Fälle bei 10 000 Frauen infolge von Östrogengaben. Trotzdem sollte bei der Abwägung dieses gefährliche Risiko nicht außer Acht gelassen werden. Besonders Raucherinnen, die durch den Nikotinkonsum besonders thrombosegefährdet sind, tragen bei einer Hormonersatztherapie zusätzlich ein um das 1,7-fache erhöhte Risiko.
- Auch auf den Stoffwechsel der Galle nimmt das Östrogen einen erheblichen Einfluss, so dass sich infolge einer Hormonersatztherapie Gallensteine bilden können. Dieses Risiko wird angesichts der Osteoporosefolgen sicher gerne vernachlässigt. In der heutigen Zeit sind Gallensteine relativ unproblematisch und leicht zu entfernen. Jedoch können sie sehr schmerzhaft sein und es kann (trotz der Verfügbarkeit modernerer Operationsmethoden) auch heute noch oft eine Operation mit all ihren Risiken notwendig werden.

- Funktionsstörungen der Leber bzw. Hepatitis-Erkrankung
- versprengt im Bauchraum wachsende Teilchen der Gebärmutterschleimhaut (Endometriose).

Osteoporose ohne Hormonersatztherapie bekämpfen

Wenn Frauen einer Hormonersatztherapie kritisch gegenüberstehen, sollten sie daran denken, dass es gegen Knochenschwund auch natürliche und einfache Selbsthilfemaßnahmen gibt, die vorbeugend wirksam sein können.

■ Sport und Bewegung

Durch regelmäßige sportliche Betätigung wird der Stoffwechsel der Knochen gefördert, Muskeln, Sehnen und Bänder gestärkt.

Durch sportliche Tätigkeiten und viel körperliche Bewegung werden zum einen Muskeln, Sehnen und Bänder gestärkt, die die Knochen stabilisieren, und zum anderen wird der Stoffwechsel der Knochen gefördert. Wer also bereits Sport treibt, sollte dies beibehalten, dabei aber die Sportart und die eigene Leistungsobergrenze dem Alter anpassen. Wer sich noch nicht sportlich oder nur wenig körperlich betätigt, sollte sich eine Bewegungsart aussuchen, die Spaß macht und die regelmäßig und problemlos ausgeführt werden kann, beispielsweise Radfahren, Schwimmen und Gymnastik.

■ Ernährung

Auch Osteoporose gehört zu den Erkrankungen, die teilweise auf eine ungesunde bzw. eine Mangelernährung zurückzuführen sind. Es versteht sich von selbst, dass die Ernährung grundsätzlich ausgewogen sein sollte.

Zur Vorbeugung von Osteoporose richtet sich das Augenmerk auf eine ausreichende Versorgung mit Kalzium, die bei vielen Menschen mit ihrer gewohnten Ernährung nicht gewährleistet ist: Der Tagesbedarf liegt bei 1000 bis 1200 Milligramm, was beispielsweise mit der Zufuhr von einem Liter Milch erreicht wird. Um nicht zu viel tierische Fette (besonders Cholesterin) mit der Milch zu sich zu nehmen, sollte es fettarme Milch (1,5 Prozent

Fett) sein. Alternativ dazu eignen sich auch Seefische und Molkereiprodukte, um den Kalziumbedarf zu decken (1/4 Liter Milch und zwei Scheiben Emmentaler ergeben 1000 Milligramm Kalzium).

Parallel dazu ist unbedingt auf die Aufnahme von Vitamin D zu achten, denn erst damit wird das Kalzium vom Darm in ausreichender Menge in die Blutbahn resorbiert. Das fettlösliche Vitamin D kann schon durch einen halbstündigen Spaziergang bei Sonnenschein und frischer Luft durch UV-Strahlen gewonnen werden, wobei allein die Hautfläche des Gesichts für die Stimulierung der Vitamin-D-Produktion ausreicht.

Stark eingeschränkt sollte der Verzehr von phosphathaltigen Lebensmitteln werden: Zwar wird eine geringe Menge an Phosphat ebenfalls für den Knochenaufbau benötigt, ein Zuviel behindert aber die Verwertung von Kalzium. Phosphat ist als Konservierungsstoff in größeren Mengen in Wurstwaren und in Fertiggerichten zu finden und ist mit den Bezeichnungen E 338, E 339, E 340, E 341 und E 350 als phosphathaltiger Lebensmittelzusatzstoff kenntlich gemacht.

Neue Medikamente gegen Osteoporose

Derzeit befinden sich eine Reihe neuartiger Medikamente in der Entwicklung, nach deren Zulassung eine Hormonersatztherapie gegen Osteoporose vermutlich früher oder später der Vergangenheit angehören wird. Große Hoffnungen hegt man in Bezug auf den Wirkstoff Ralofixen, der nahezu alle positiven Eigenschaften von Östrogen gegen Wechseljahresbeschwerden (außer gegen Hitzewallungen) und gegen Osteoporose aufweist, aber keine der negativen Auswirkungen nach sich ziehen soll. Auch scheint der Einsatz der Hormone Melatonin und DHEA (siehe Seite 157 ff.) vielversprechend zu sein. Bei diesen und anderen in der Erforschung befindlichen Substanzen muss sich aber erst zeigen, wie sie sich vor allem in der Langzeitanwendung bewähren. Derzeit stellen sie also leider keine Alternative zur Hormonersatztherapie dar.

In einigen Jahren könnte die Hormonersatztherapie bereits der Vergangenheit angehören, denn die Forschung scheint mit dem Wirkstoff Ralofixen ein Mittel für die Zukunft gefunden zu haben.

Wie jung muss die Frau über 40 sein?

Gegen ein jugendliches, attraktives Aussehen der Frau über 40 ist natürlich nichts einzuwenden. Nur sollte die Betonung nicht so sehr auf »jugendlich« gelegt werden, sondern mehr auf »attraktiv«, denn alle kosmetische Kunst – und auch die medizinische einer Hormonersatztherapie – kann nicht darüber hinwegtäuschen, dass seit der Jugendzeit einige Jahre verstrichen sind und sich dies mehr oder weniger auf die Hautbeschaffenheit des Gesichts und des Körpers auswirkt. Eine Frau über 40 sollte also mehr Wert auf gepflegtes und sympathisches Äußeres legen, als unbedingt jugendlichen Schönheitsattributen nachzuhängen.

Werbung, Film und Fernsehen bestimmen das (Vor-)Bild

Im Fernsehen sehen wir nur makellos schöne Frauen – und allesamt sind sie jung.

Das weibliche Idealbild wird durch die Werbung und durch »Vorbilder« in Film und Fernsehen vermittelt – und dies nicht nur dem Mann, dem ein bestimmtes Schönheitsideal geradezu eingehämmert wird, sondern auch der Frau, die so immer einen imaginären Spiegel vorgehalten bekommt. In diesem Bild wird mit jugendlichem Aussehen alles das verbunden, was wir uns mate-

Unsere von Medien gemachten »Vorbilder«: Für immer jung und attraktiv sein.

riell wünschen: Eine schöne, junge Frau ist immer dabei – egal, ob für ein neues Auto, für die Teilnahme an einer Lotterie oder für eine Immobilie geworben wird. In Film und Fernsehen werden uns zudem Frauen über 40 vorgeführt, die gerade einem Jungbrunnen entstiegen sein könnten, so vital und dynamisch sehen sie auf wunderbare Weise aus.

Die Pharmawerbung kennt keine natürlich alternde Frau

Vermutlich in jeder frauenärztlichen Praxis liegen die Werbebroschüren der Pharmakonzerne für Hormonersatztherapien auf. Sehr »jung« gebliebene Frauen um die 40 zieren mit ihrem Bild die ansprechend aufgemachten Prospekte.

Die Hormontherapie wird in der Werbung nicht als »Therapie« gegen Wechseljahrebeschwerden dargestellt, sondern als Jungbrunnen, der der Frau auch ab dieser Zeit ein »jugendliches« Aussehen bewahrt. Dieser Ansatz in der Werbung ist verständlich, denn dieses Ziel haben wir alle: möglichst lange jung und attraktiv, fit und gesund bleiben! In der Werbung für die Hormonersatztherapie lassen sich die Ziele Gesundheit, gutes und anziehendes Aussehen sowie gesellschaftlicher bzw. beruflicher Erfolg auch trefflich miteinander vereinbaren, denn in der Tat kann die Gabe von Hormonen in dieser Hinsicht eine Zeitlang hilfreich sein.

In Konkurrenz zur sexuellen Attraktivität junger Frauen

Diese Ausrichtung des Frauenbildes auf die Jugendlichkeit beunruhigt viele Frauen um die 40 verständlicherweise, auch was ihre sexuelle Attraktivität betrifft. Denn die Sexualität wird in unserer Gesellschaft ebenfalls gnadenlos – vor allem visuell – mit Jungsein verbunden, was auf viele Männer nicht ohne Eindruck bleibt. Nicht selten geschieht es, dass in der »Midlife-Crises« des Mannes, die sich ja vor allem im Kopf abspielt, die Sexualität einer jungen Frau der der eigenen Partnerin vorgezogen wird. Solche Erfahrungen, auch wenn sie nicht selbst erlebt werden, prägen

Der Wettkampf, in den sich viele Frauen um die 40 hineinstürzen, ist jener um ein ewig jugendliches Äußeres. Doch der Jungbrunnen Östrogen muss u. U. teuer erkauft werden.

oftmals das Verhalten einer Frau um die 40: Sie möchte um jeden Preis jung bleiben und stellt sich so in eine – in dieser Hinsicht – aussichtslose Konkurrenz mit jungen Frauen. Eine Hormonersatztherapie wird deshalb oft nur aus dem Grund begonnen, um die einem jugendlicheren Aussehen zuträgliche Wirkung der Östrogene noch lange genießen zu können. Wenn die Gabe von Hormonen völlig risikofrei wäre, könnte dagegen nichts eingewendet werden: Der Jungbrunnen wäre damit ja gefunden! Leider können aber die Risiken nicht vernachlässigt werden, denn im Falle einer Erkrankung infolge der Zuführung von Hormonen würden einige Jahre jugendlicheres Aussehen ziemlich teuer erkauft werden.

Östrogene und trotzdem schlank!

Männer haben es in unserer Gesellschaft etwas leichter, wenn es um das Äußere geht, denn bei ihnen werden die Schönheitsideale nicht so streng angewandt wie bei Frauen.

Schlank zu sein ist nach unserem westlichen Schönheitsideal ein wesentlicher Teil des jugendlichen Aussehens sowohl bei Frauen als auch bei Männern. Auch in dieser Hinsicht wird die Frau jedoch benachteiligt, weil bei Männern schon einmal ein Auge zugedrückt wird, wenn der Bauch mit den Jahren etwas an Volumen gewinnt. Die Frau fällt aber radikal aus dem gängigen Schönheitsbild heraus, wenn sie an den so genannten Problemzonen fülliger wird.

Dabei hätten es die Männer mit einem entsprechend gesunden Lebensstil leichter schlank zu bleiben als die Frauen, deren Gewichtszunahme oft nur eine Folge der hormonellen Umstellungen in den Wechseljahren ist. Zudem bedeutet Schlankheit nach den Wechseljahren: Es werden sehr wenige Östrogene in den Fettgeweben der Unterhaut – mit den bereits erörterten gesundheitlichen Folgen und einer Reduzierung des allgemeinen Wohlbefindens – produziert. Was liegt demnach näher, als die Möglichkeit zu ergreifen, gleichzeitig schlank zu sein und ausreichend Östrogene im Körper zu haben? Diese Möglichkeit ist für die Frau eine nicht leicht zu widerstehende Versuchung, beides miteinander zu verbinden und dabei die Risiken der Hormontherapie zu vernachlässigen.

Jungbrunnen Melatonin und DHEA?

Seit 1995 herrscht wegen des in der Zirbeldrüse (Epiphyse, Corpus pineale) gebildeten Hormons Melatonin eine – inzwischen etwas abgeflaute – Euphorie. Man war der Ansicht, dem altersbedingten körperlichen Verfall auf die Spur gekommen zu sein und das Wundermittel gegen das Altern und seine Begleiterscheinungen endlich gefunden zu haben.

Mitte der 90er-Jahre herrschte kurzzeitig so etwas wie Euphorie unter den Forschern, denn man glaubte, dem körperlichen Verfall auf die Spur gekommen zu sein.

Gleichzeitig wurde mit dem Dehydroepiandrosteron (DHEA) eine weitere Substanz bekannt, die sich vorzüglich als Ergänzung zur Einnahme von Melatonin eignen soll, weil sich die beiden Substanzen im Organismus in ihrer Wirkungsweise ideal ergänzen und die lange Liste der angepriesenen Eigenschaften von DHEA der von Melatonin in ihrer Wunderbarkeit in nichts nachsteht.

Wie wirkt Melatonin im Körper?

Das Hormon Melatonin wird in der Zirbeldrüse gebildet. Es ist noch nicht erforscht, wie die Regulation der Hormonausschüttung gesteuert wird und wie es physiologisch bei der Hemmung der Genadotropine wirkt. Man weiß aber, dass die Produktion ist vom Lichteinfall in das Auge abhängig, indem bei geringem Lichteinfall viel und bei Tageslicht kein Melatonin gebildet wird. Deshalb ist bei Dunkelheit der Melatoninspiegel im Blut zehnmal so hoch wie tagsüber. So sind auch am Tag nahezu keine Spuren von Melatonin im Körper nachzuweisen, weil es nach der nächtlichen Ausschüttung innerhalb weniger Stunden vollkommen verbraucht wird. Melatonin wirkt über die Steuerungsfunktion der Zirbeldrüse auf alle Drüsensysteme mit ihrem jeweiligen Hormonhaushalt und damit indirekt auf alle Organe ein. Die Hauptfunktion von Melatonin besteht darin, die Spiegel der anderen Hormone zu regeln, das Gleichgewicht aller Körperfunktionen aufrechtzuerhalten und die anderen Hormone in ihren Tätigkeiten zu unterstützen. So steuert Melatonin die gesamte Hormonproduktion im Organismus und verhindert, dass zu hohe oder zu geringe Hormonspiegel entstehen können.

Melatonin steuert die gesamte Hormonproduktion im körperlichen Organismus, und es verhindert auch, dass überhöhte oder zu niedrige Hormonspiegel entstehen.

Die wunderbare Liste der Melatonin-Eigenschaften

Diese zentrale Rolle in unserem Körper befähigt das Hormon Melatonin, in vielen Bereichen seine offensichtlich wohltuenden Eigenschaften zu entfalten:

- Das Immunsystem wird gestärkt, indem die Antikörper stimuliert werden.
- Es tritt als eines der wirksamsten Antioxydanzien gegen die »Freien Radikale« an, die bei der Entstehung von Krebszellen eine Rolle spielen.
- Es unterstützt Krebstherapien, indem es zusammen mit Progesteronen den Zuwachs von Brustkrebszellen verhindert.
- Es nimmt stabilisierenden Einfluss auf den Schlafrhythmus und verhindert somit Schlaflosigkeit.
- Es verhindert die so genannten Winterdepressionen, die auf zu wenig Licht zurückzuführen sind.
- Es stellt die innere Uhr bei »Jet lag«-Problemen wieder schneller auf die »Ortszeit« ein.
- Es erhöht das Interesse an Sex.
- Es nimmt bremsenden Einfluss auf den Alterungsprozess.

Es fehlen die längerfristigen Erfahrungen

Melatonin ist eine bemerkenswerte Substanz, dennoch fehlen genaue Untersuchungen über die Wirkung auf den Menschen – vor allem betrifft dies Langzeituntersuchungen.

Man braucht sich nicht zu wundern, dass diese Liste der medizinischen Wunder hohe Wellen in der Wissenschaft geschlagen hat. Inzwischen ist wieder etwas Besinnung eingekehrt, und man ist sich in der Fachwelt einig darüber,

- dass Melatonin in den wenigen Jahren der Anwendung am Menschen verblüffende Erfolge vorweisen kann.
- dass es eine bemerkenswerte Substanz ist, die in den nächsten Jahren ihrer genauen Erforschung noch für viele positiven Überraschungen gut sein kann.
- dass ihre Wirkung bisher zwar an vielen Tieren, aber nur an verhältnismäßig wenigen Menschen untersucht wurde.
- dass Langzeiterfahrungen mit der Einnahme von Melatonin bisher gänzlich fehlen und deshalb keine Aussagen über Nebenwirkungen getroffen werden können.

Dass Nebenwirkungen aber durchaus vorhanden sein können, ist zu befürchten, denn die Substitution eines Hormons, das in derart vielen Bereichen des Körpers wichtige Funktionen erfüllt, erscheint als ein viel komplexerer Eingriff als beispielsweise die Substitution von Östrogenen, also eines Hormons, das ein verhältnismäßig begrenztes Wirkungsgebiet hat.

Kann ein »jugendlicher« Melatoninspiegel im Alter schädlich sein?

Diesen Befürchtungen setzen die Befürworter des Einsatzes von Melatonin das Argument entgegen, dass dessen natürliches Vorhandensein im Körper ja auch keine »Nebenwirkungen« zeigt. Dieses scheinbar bestechende Argument lässt allerdings die Möglichkeit außer Acht, dass ein abfallender Melatoninspiegel mit dem einhergehenden Alterungsprozess von der Natur als normal betrachtet werden könnte. Dementsprechend kann es sein, dass die Einnahme des Hormons mit der Absicht, den vorherigen »jugendlichen« Hormonspiegel wiederherzustellen, nicht in den Gesamthormonhaushalt des Körpers »passt« und so langfristig unerwünschte Folgen verursacht. Tatsache ist aber, dass sich bis heute – allerdings nur drei Jahre nach dem Beginn der Verabrei-

Bisher haben sich zwar noch keine Nebenwirkungen durch die Zugabe von Melatonin ergeben, dennoch könnte es durch eine überhöhte Zufuhr zu langfristig unerwünschten Folgen kommen.

Melatonin kann die Winterdepression, die oftmals durch Lichtmangel beeinflusst ist, verhindern.

chungen – noch keine Nebenwirkungen durch die Einnahme von Melatonin gezeigt haben.

■ Nicht nur das Altern stoppen, sondern sogar verjüngen

Untersuchungen zeigten, dass bei Tierversuchen mit Mäusen bereits nach wenigen Monaten deutliche Verjüngungsanzeichen an älteren Tieren festzustellen waren.

In den Tierversuchen gab man »alten« Mäusen, bei denen der Rückgang der Zirbeldrüse bereits sehr fortgeschritten war, Melatonin und konnte bereits nach wenigen Monaten deutliche Veränderungen in Richtung einer »Verjüngung« feststellen:

- Die Zirbeldrüsenfunktion wurde wieder hergestellt und die körpereigene Melatoninproduktion stieg wieder an.
- Das »Altersfell« wurde wieder glänzend und dicht.
- Die Sexualfunktionen stellen sich wieder ein.
- Das Immunsystem normalisierte sich zusehends und beginnende Krebszellen wurden erfolgreich vernichtet.
- Die normale Nahrungsaufnahme und Verdauung wurden wiederhergestellt.

Die mit Melatonin behandelten Mäuse überlebten bei bester Gesundheit ihre unbehandelten Artgenossen deutlich um etwa 30 Prozent ihrer Gesamtlebensdauer. Aber schade: Die Ergebnisse von Tierversuchen können nicht automatisch auf Menschen übertragen werden.

■ Was bringt Melatonin speziell der Frau über 40?

Würde man beweisen können, dass die den Mangel ersetzende Einnahme von Melatonin auch langfristig keine Nebenwirkungen nach sich zieht, könnte in die unerwünschten Entwicklungen in den Wechseljahren und danach wirksam eingegriffen werden. Denn man vermutet, dass durch das abrupte Sinken des Melatoninspiegels im Alter von etwa 40 bis 45 Jahren die Wechseljahre ausgelöst werden. Welche Aussichten, wenn dieser Senkung des Melatoninspiegels rechtzeitig entgegengewirkt werden könnte! Aber auch welche Risiken, wenn man der Veränderung im Hormonhaushalt derart massiv in den Arm fallen würde!

Für die Frau in und nach den Wechseljahren, die sich einer Hormonersatztherapie unterzieht, haben die Befürworter der

Substitution von Melatonin ebenfalls frohe Kunde: Es seien bisher keine Konflikte irgendwelcher Art bei gleichzeitiger Zuführung von Östrogenen, Gestagenen und Melatonin bekannt, denn alle diese Hormone würden im Körper einer jungen Frau (vor der Menopause) ja auch zusammenwirken, ohne irgendwelche Beschwerden hervorzurufen. Es gäbe zudem keinen Grund anzunehmen, dass sich dies im fortgeschritteneren Alter ändern würde.

DHEA als Zugabe zu Melatonin

Wer Melatonin regelmäßig zum Ausgleich eines Mangels einnimmt, dem wird von den Befürwortern der Substitution empfohlen, auch das Hormon Dehydroepiandrosteron, kurz DHEA genannt, ergänzend mit einzunehmen.

In seiner Funktion ist DHEA dem Melatonin vergleichbar und jüngste Forschungen belegen, dass zwischen diesen beiden Substanzen eine enge Wechselbeziehung besteht. DHEA wird vom

Wie bekomme ich Melatonin?

In Deutschland ist der Vertrieb von Melatonin als Nahrungs- oder Nahrungsergänzungsmittel nicht erlaubt. Es fällt somit unter den Verantwortungsbereich der Gesundheitsbehörden, von denen es in Deutschland bis heute nicht als Arzneimittel zugelassen wurde, weil die Ergebnisse klinischer Untersuchungen fehlen. In anderen Ländern, besonders in den USA, können Melatonin-Präparate meist problemlos gekauft werden. Dessen ungeachtet sollte Melatonin wegen des massiven Eingriffs in den Hormonhaushalt des Körpers nur dann eingenommen werden, wenn der Arzt des Vertrauens dies im individuellen Fall als unbedenklich betrachtet! Er kann Melatonin verschreiben, worauf die Apotheke es aus einem Land importieren kann, wo es zugelassen ist. Es muss jedoch unbedingt bedacht werden, dass noch keine Langzeituntersuchungen über Nebenwirkungen am Menschen vorgenommen werden konnten!

(Stand: Juli 1998)

Der Vertrieb von Melatonin ist in Deutschland nicht erlaubt, sollte der Arzt aber die Verabreichung von Melatonin als unbedenklich erachten, so darf er es auch verschreiben.

DHEA kann Ihre Gedächtnisleistung wesentlich steigern.

Organismus am Morgen ausgeschüttet und zeigt aufweckende Wirkung, bringt den Hormonhaushalt in Schwung und wird dabei im Laufe des Tages verbraucht. Wenn nach Einbruch der Dunkelheit die Melatoninbildung einsetzt, werden DHEA-Reste in der Blutbahn rasch wieder abgebaut. Dementsprechend wird Melatonin vor dem Einschlafen, DHEA nach dem Aufwachen eingenommen. Sie dürfen nie zur selben Zeit eingenommen werden, um einen Konflikt zwischen den Wirkungen der beiden Hormone zu vermeiden.

■ Die ebenfalls wunderbare Liste der DHEA-Eigenschaften

DHEA kann durch seine cholesterinsenkende Wirkung einen wirksamen Schutz gegen Herz-Kreislauf-Probleme darstellen.

Nach Tierversuchen und in den USA gewonnenen Erfahrungen seit der Markteinführung, die erst vor wenigen Jahren erfolgte, können durch die Einnahme von DHEA

- ein wirksamer Schutz gegen Herz-Kreislauf-Probleme durch die cholesterinsenkende Wirkung erreicht
- die Gedächtnisleistung merklich verbessert
- das Immunsystem leistungsfähiger gemacht
- der Organismus sogar vor Diabetes mellitus und Autoimmunkrankheiten geschützt

- Körperfett abgebaut
- die Libido deutlich gesteigert
- Erschöpfungszustände und Depressionen wirksam bekämpft und
- starke Gefühle des Wohlbefindens und neuer Lebenskraft vermittelt werden.

Eine wahrhaft imposante Liste, die der von Melatonin in nichts nachsteht. Leider fehlt auch bei DHEA der Beweis, dass es langfristig keine Nebenwirkung nach sich zieht, wenn ein Mangel an diesem Hormon ersetzt wird und damit der DHEA-Spiegel auf »jugendliche« Werte gebracht wird.

■ DHEA als Wundermittel gegen Beschwerden vor und nach den Wechseljahren?

Die Substitution von DHEA ab einem Alter von 40 bis 45 Jahren soll – in Verbindung mit Melatonin – viele Probleme lösen und damit aufkeimenden Altersbeschwerden wirksam vorbeugen können. Wie auch das Melatonin nimmt die DHEA-Produktion in diesem Alter stark ab, was bei der Frau zur allmählichen Einstellung der Östrogenproduktion und zum Einsetzen der Wechseljahre führt. Während der DHEA-Substitution konnte bei vielen Frauen festgestellt werden, dass die Vaginalsekretion, also die Bildung einer ausreichenden Menge von Gleitflüssigkeit, wieder vorhanden und unbeeinträchtigter Geschlechtsverkehr ohne den Einsatz von »künstlichen« Gleitmitteln wieder möglich war. Außerdem konnte beobachtet werden, dass die Schleimhaut der Scheide wieder dicker und widerstandsfähiger wurde.

Man könnte DHEA beinahe als ein Allheilmittel bei Beschwerden vor und in den Wechseljahren bezeichnen.

Zudem soll die Substitution von DHEA praktisch alle klimakterischen Beschwerden ohne zusätzliche Verabreichung von Östrogen bereits nach kurzer Zeit und ohne jegliche Nebenwirkungen zum Verschwinden bringen.

■ DHEA als Alternative zur Östrogenersatztherapie?

DHEA steuert bei seinem »Tagesgeschäft« den gesamten Hormonstoffwechsel und versucht, »jugendliche« Werte einzustellen.

Dies gilt besonders für die Östrogenproduktion, die mit zunehmendem Alter merklich zurückgeht. Es wird vermutet, dass DHEA die natürliche Östrogensynthese nach der Menopause in den Nebennieren wiederherstellt, wo bekanntlich auch nach den Wechseljahren Östrogene – zusätzlich zu denen im Fettgewebe der Haut – in kleinen Mengen gebildet werden. Besteht ein Mangel an DHEA, wird in den Nebennieren weniger Östrogen produziert. Nach der oralen Verabreichung von DHEA wird aber die Östrogenproduktion der Nebennieren wieder angeregt. Es wird behauptet, dass dies dann in einer Menge geschehe, die eine Östrogenersatztherapie meist schon nach kurzer Zeit überflüssig mache. Im Gegensatz zu einer Östrogenersatztherapie soll die DHEA-Substitution keine unerwünschten Nebenwirkungen zeigen. So erübrige sich auch die Verabreichung von Progesteron, das bei einer Östrogenersatztherapie meist beigefügt wird, um den monatlichen Abbau der Gebärmutterschleimhaut zu gewährleisten. Durch die Einnahme von DHEA findet wegen der nicht notwendigen Einnahme von Östrogenen der unerwünschte Aufbau der Gebärmutterschleimhaut erst gar nicht statt. Wenn dies tatsächlich so funktionieren würde, könnte das Risiko des Gebärmutterkrebses deutlich verringert werden.

■ Durchschlagender Erfolg auch bei Osteoporose?

Beeindruckende Ergebnisse soll DHEA in der Therapie von Osteoporose erzielt haben, denn das Hormon soll für die Regeneration des Knochengerüstes von ausschlaggebender Bedeutung sein. Es wurde nachgewiesen, dass DHEA den so genannten IL-6-Spiegel senkt. Unter anderem ist die Funktion von IL-6, dass es die Bildung von so genannten Osteoklasten fördert, eine Art vielkerniger Zellen, die die Knochensubstanz abbauen. Ein jugendlicher Organismus baut in der Regel Knochenmasse schneller auf, als sie von den Osteoklasten abgebaut wird. Im Alter kehrt sich dieser Mechanismus um, und es wird mehr Knochenmasse ab- als aufgebaut. Die IL-6-Hemmung durch DHEA soll diesem Prozess Einhalt gebieten und ihn sogar umkehren können.

Eine Senkung des so genannten IL-6-Spiegels durch DHEA soll dem Prozess des Knochenabbaus im Alter entgegenwirken.

Erhöht die Einnahme von DHEA das Krebsrisiko?

Wird nach dem Beginn der Wechseljahre DHEA verabreicht, kommt also die Östrogensynthese relativ rasch wieder in Gang. Bekanntlich ist dies einerseits wünschenswert, weil dadurch die klimakterischen Beschwerden gelindert und vor allem die Gefahr einer beginnenden Osteoporose gebannt werden. Andererseits erhöht jedoch die wiedereinsetzende Produktion der Sexualhormone das Krebsrisiko im Brustgewebebereich. Die Verfechter der DHEA-Substitution argumentieren deshalb, dass also nicht das DHEA, sondern die durch die DHEA-Einnahme wieder gesteigerte Produktion von Östrogenen das Krebsrisiko verursacht – dagegen soll wiederum die parallele Substitution von Melatonin helfen, das in gleicher Weise wie die Progesterone die »freien« Sexualhormonrezeptoren an den gefährdeten Zellen »besetzt«, das Andocken des freien Östrogens verhindert und damit das Krebsrisiko senkt.

Wie bekomme ich DHEA?

In Deutschland ist der Vertrieb von DHEA nicht erlaubt. Es fällt somit unter den Verantwortungsbereich der Gesundheitsbehörden, von denen es in Deutschland bis heute nicht als Arzneimittel zugelassen wurde. Die Ausnahme bildet das Präparat GYNODIAN-DEPOT, das rezeptpflichtig ist und das DHEA enthält. In anderen Ländern, besonders in den USA, können reine DHEA-Präparate oft problemlos gekauft werden, in den USA inzwischen allerdings nur mit einer schriftlichen Erklärung des Käufers, auf Haftungsansprüche gegenüber dem Hersteller zu verzichten. Dessen ungeachtet sollte DHEA wegen des massiven Eingriffs in den Hormonhaushalt des Körpers nur dann eingenommen werden, wenn der Arzt des Vertrauens dies im individuellen Fall als unbedenklich erachtet! Es muss unbedingt bedacht werden, dass noch keine Langzeituntersuchungen über Nebenwirkungen am Menschen vorgenommen werden konnten!

(Stand: Juli 1998)

Wie bei Melatonin so ist auch der Vertrieb von DHEA in Deutschland nicht erlaubt, lediglich Gynodian-Depot, ein klinisch untersuchtes Präparat, ist bei uns erhältlich.

Die Werte für sich neu definieren!

Wenn sich Frauen nicht von dem Bild lösen können, dass sie auch über 50 noch »jung« und »schön« sein müssen, um in ihrem privaten und/oder beruflichen Umfeld als »ganze« Frau zu gelten, dann kann dies zu schweren seelischen Problemen führen. Denn auch die Hormonersatztherapie und vermutlich auch Melatonin oder DHEA sind nicht in der Lage, das äußerliche Altern vergessen zu machen. Um zu verhindern, dass der Anspruch an sich selbst und die Realität zu weit auseinander klaffen und die Erkenntnis des Alterns schließlich in eine psychische Krise mündet, sollten sich alle Menschen – nicht nur die Frauen – bereits frühzeitig mit den Aspekten des Alterns gedanklich befassen, um nicht irgendwann von der Realität unangenehm eingeholt zu werden.

Das Älterwerden auch von Frauen ist normal!

Wir haben bereits erwähnt, dass die Gesellschaft dem Mann das Älterwerden eher »verzeiht« als der Frau. Dies liegt vor allem daran, dass ältere Männer schon immer die Geschichte geprägt haben, Unternehmen führen oder als beliebte Schauspieler tätig sind. Das Bild erfolgreicher älterer Männer ist den Menschen vertraut und wird entsprechend akzeptiert. Nun schicken sich die Frauen gerade erst an, sich in größerer Zahl in angesehenen Positionen und Berufen zu etablieren. Dies wird zwangsläufig dazu führen, dass in wenigen Jahren das Bild von Menschen in Führungspositionen und anderen öffentlich agierenden Berufsgruppen von älteren Frauen mitgeprägt werden wird. Erst zu diesem Zeitpunkt wird sich das Bild der Frau in der Gesellschaft so ändern, dass bei älteren Frauen nicht nach Schönheit, sondern nach Intellekt, Sympathie und Erfolg gesucht wird. Spätestens dann wird äußerliches Altern auch für Frauen »normal«!

Das äußerliche Älterwerden von Männern wird in unserer Gesellschaft akzeptiert, das Älterwerden von Frauen aber muss erst noch verinnerlicht werden.

Sich dem Problem »Altern« stellen!

Diese sich ändernde Sichtweise einer Gesellschaft führt natürlich nicht ohne weiteres dazu, persönliche Probleme mit dem Altern

Das Leben kann trotz des Alterns spannend und lebenswert bleiben. Es hängt allerdings von Ihnen ab. Wie man mit dem Alter zurechtkommt, hängt ganz maßgeblich von der eigenen Lebenseinstellung ab. Und für diese können Sie sehr viel tun.

wegwischen zu können. Dass eine Frau es nur schwer überwinden kann, ihr jugendliches Aussehen zu verlieren, ist normal – damit befindet sie sich auch in »guter« Gesellschaft zum Mann. Darüber kann man traurig sein oder philosophischen Betrachtungsweisen über die Vergänglichkeit an sich nachhängen. Aber es wäre doch sehr schade, wenn sich daraus eine handfeste psychische Existenzkrise entwickeln würde! Denn: Das Leben bleibt trotz des Alterns lebenswert – nur die Lebensinhalte müssen möglicherweise neu definiert werden! Dieses Umdenken sollte aber nicht erst dann einsetzen, wenn man dazu gezwungen ist, weil der Realität des Alterns nicht mehr ausgewichen werden kann. Es sollte frühzeitig nach beispielhaften älteren Menschen Ausschau gehalten werden, deren Lebensstil auch aus der distanzierten Sichtweise der 30- bis 40-jährigen Frau Positives beinhaltet. Meistens ist dieses nachahmenswerte Bild nicht in einem Menschen allein zu finden, sondern es muss mosaikartig aus der Lebensart von mehreren älteren Menschen zusammengesetzt werden. Dieses persönliche Idealbild ist das neue Ziel, das mit Selbstbewusstsein angesteuert werden muss. Es schadet ja trotzdem nichts, die Attraktivität des Körpers nach Möglichkeit zu erhalten – aber das Hauptaugenmerk sollte nun auf der Jugendlichkeit des Geistes liegen!

Der Prozess des Älterwerdens ist in erster Linie ein Umdenken in Sachen Lebenseinstellung.

Gesundheit als das wichtigste Gut im Alter

Es klingt banal, aber es ist die Grundvoraussetzung für ein angenehmes Leben im Alter: Eine gute Gesundheit lässt körperliche Vitalität und geistige Frische zu, die einem aktiven Leben im Alter sehr zuträglich sind. Deshalb sollte beim Nachdenken über das Altern die Erkenntnis in den Vordergrund rücken, dass schon Jahrzehnte vorher die Weichen für ein möglichst krankheitsfreies Leben im Alter gestellt werden. Dazu gehört vor allem, dass die Art der Ernährung dahingehend überprüft wird, ob sie – z. B. durch die übermässige Zufuhr von tierischen Fetten in Fleisch und Wurst oder den Konsum von raffiniertem Zucker und Mehl in Kuchen und Gebäck – schwere Hypotheken für die Gesundheit enthält. Auch die Menge des Nikotin- und Koffeinkonsums sollte kritisch überprüft werden, denn ein Zuviel davon kann schwere Gesundheitsstörungen auslösen. Man sollte sich zudem ins Gedächtnis rufen, dass Übergewicht besonders im Alter zu schweren gesundheitlichen Beeinträchtigungen führen kann.

Ist Geld so wichtig?

Die finanzielle Vorsorge für das Alter ist für das Wohlergehen in diesem Lebensabschnitt von großer Bedeutung. Leider sehen wir dies oft erst ein, wenn es schon zu spät ist, weil der Rentenbescheid schon in wenigen Jahren im Briefkasten liegen wird oder für eine Lebensversicherung nicht mehr genug Laufzeit vorhanden ist, um eine ausreichende Versorgung zu sichern. Dieses Problem trifft heutzutage noch viele Frauen, die auf Gedeih und Verderb auf die Altersversorgung ihres Mannes angewiesen sind oder nur eine sehr geringe eigene Rente haben, weil sie als Hausfrau wenige oder keine Jahre der Berufstätigkeit nachweisen können oder relativ geringe Einkünfte hatten. Die Abwehr von Frauen, sich mit dem körperlichen Altern zu befassen, verhindert oft auch das Nachdenken über die finanzielle Situation im Alter. Eine Frau über 30 muss sich aber unbedingt darüber Gedanken machen, ob die finanzielle Vorsorge ausreichend ist. Denn neben den psychischen Belastungen des Alterns an sich auch noch die Aussicht ertragen

Über die finanzielle Situation im Alter sollten sich auch junge Frauen bereits Gedanken machen.

zu müssen, dass kein Geld für Unternehmungen vorhanden sein wird, die das Leben auch noch ab 60 lebenswert machen, kann endgültig niederschmetternd sein.

Selbstbewusst in einen neuen Lebensabschnitt!

Vielen Frauen fehlt es am notwendigen Selbstbewusstsein, sich ein Leben ohne landläufige Bilder von Jugendlichkeit und Schönheit vorstellen zu können. Die Devise muss aber einfach sein: Weg vom glatten Äußeren – hin zum ausgefüllten Inneren! Eine Hormonersatztherapie kann ein Mittel auf dem Weg dorthin sein, weil der Übergang nicht so abrupt stattfinden wird. Aber Östrogene langfristig zu ersetzen, sollte gegebenenfalls kritisch überdacht werden. Melatonin und DHEA könnten das Alter ebenfalls psychologisch erleichtern, weil bei allem Optimismus nicht zu erwarten ist, dass sie den Alterungsprozess ohne gravierende Nebenwirkungen stoppen können – es kann aber ein Hilfsmittel dazu sein, den Gedanken an das Alter zu verdrängen. Und gerade das sollte nicht der Fall sein, denn jede Frau sollte sich darauf seelisch vorbereiten, über neue Lebensinhalte Selbstbewusstsein zu schöpfen und mutig dem neuen Lebensabschnitt entgegenzusehen!

Durch Östrogene kann das Altern nicht aufgehalten werden. Daher muss man sich rechtzeitig auf der emotionalen Ebene auf den letzten Lebensabschnitt vorbereiten.

Auch im Alter kann man noch jugendlich und selbstbewusst auftreten.

Glossar

Abort (Fehlgeburt, Abgang) unbeabsichtigte oder absichtlich herbeigeführte Beendigung einer Schwangerschaft vor dem Erreichen der Lebensfähigkeit des Fetus bis zur 28. Schwangerschaftswoche
Abrasio (Ausschabung, Kürettage) Ausschaben der Gebärmutter mittels eines scharfen Löffels, der durch die Scheide nach der schrittweisen Erweiterung des →Zervikalkanals in die Gebärmutter eingeführt wird, zu diagnostischen und/oder therapeutischen Zwecken
Abstrich Abstreifen der Oberfläche des Gebärmuttermunds und des Gebärmutterkanals (siehe Zervikalkanal) mit einem Watteträger und anschließende Untersuchung der entnommenen Zellen auf krebsverdächtige Veränderungen
Abszess eitergefüllte Körperhöhle, z. B. der Douglasraum zwischen Gebärmutter und Enddarm (Douglasabszess), die Eierstöcke (Ovarialabszess)
Amenorrhoe völlig ausbleibende Monatsblutung
Anabolika synthetisch hergestellte, eiweißaufbauende Hormone
anal durch den Darmausgang (Anus), z. B. anales Einführen von Medikamenten (Zäpfchen), analer Sex (Analverkehr)
Anästhesie Unempfindlichkeit gegen Schmerz-, Temperatur- und Berührungsreizen, die entweder Folge einer Störung des Nervensystems ist oder als allgemeine oder lokale Betäubung bei operativen Eingriffen zur Anwendung mittels Anästhetika kommt
Androgene männliche Geschlechtshormone, die auch von der Frau in geringer Menge in den Eierstöcken und den Nebennieren gebildet werden
anovulatorischer Zyklus Monatszyklus mit Menstruation ohne Eisprung
Antikonzeption Sammelbegriff für Schwangerschafts- bzw. Empfängnisverhütung
Antiöstrogen gegen die Wirkung von Östrogen am Zielort gerichtete synthetische Substanz
Ausfluss siehe →**Flour**
Biopsie Entnahme einer Probe von lebendem Körpergewebe zu diagnostischen Zwecken
Basaltemperatur siehe →**Temperaturkurve**
Blasensprung Einreißen der Fruchtblasenhaut meist am Ende der Eröffnungsperiode bei der Geburt mit Abgang eines Teils des Fruchtwassers durch die Scheide
Durchbruchblutung Blutung aus der Scheide, die bei zu niedrigem Östrogen- oder Progesteronspiegel auftritt (meist im Zusammenhang mit einer →Hormonersatztherapie)
Dysmenorrhoe (Menstruationsschmerzen, Periodenschmerzen) krampfartige oder drückende Schmerzen während der Monatsblutung meist im Unterbauch und Genitalbereich durch eine gesteigerte Kontraktion der Gebärmuttermuskeln
Ektopie Körperzellen (oder ganze Organe) an untypischer Stelle, wie z. B. Schleimhautgewebe aus dem Zervixkanal auf der Oberfläche des →Gebärmutterhalses
Embryo ungeborenes Kind bis zum Ende des zweiten Schwangerschaftsmonats
endometrialer Zyklus monatlicher Zyklus der Gebärmutterschleimhaut
Endometriose wachsende Gebärmutterschleimhaut außerhalb der Gebärmutter, z. B. an den Außenseite der Gebärmutter, an den Eierstöcken und an den Eileitern, in der Bauchhöhle
Fertilität (Fruchtbarkeit) bei Frauen: Fähigkeit, schwanger zu werden und das Kind bis zur Geburt auszutragen
Fetus (Foetus) ungeborenes Kind vom Beginn des dritten Schwangerschaftsmonats bis zur Geburt
Fibrom gutartige Geschwulst aus Bindegewebe
Flour Ausfluss von Scheidenflüssigkeit in abnormal großer Menge und veränderter Farbe, der unangenehm riecht und Brennen oder Jucken verursacht und in der Regel auf eine Infektion hinweist (Flour vaginalis)
Follikel Eizelle mit den Follikelzellen im Eierstock
Frigidität sexuelle Funktionsstörung, bei der die Frau Schwierigkeiten hat, einen Orgasmus zu bekommen (Orgasmusstörung)
FSH (follikelstimulierendes Hormon) wird in der Hirnanhangsdrüse gebildet und fördert die Follikelreifung im Eierstock
Gebärmutterhals siehe →**Zervix**
Gelbkörper entsteht im Eierstock nach dem Eisprung aus dem geplatzten Follikel und gibt daraufhin →Progesteron und →Östrogen ab
Gestagen synthetisch hergestelltes Hormon, das dem →Progesteron entspricht
GnRH (Gonadotropin Releasing Hormon, auch LH-RH = luteinisierendes Hormon-Releasing-Hormon) ein im Hypothalamus gebildetes Hormon, das auf die →Hirnanhangsdrüse wirkt und sie zur Ausschüttung von →LH und →FSH anregt
Hirnanhangsdrüse (Hypophyse) an der Hirnbasis gelegenes Organ, das über seine Hormonsekretion einen großen Teil des Hormonsystems steuert, selbst aber wiederum durch Hormone des →Hypothalamus angeregt wird
Hormonbehandlung siehe →**Hormonersatztherapie**
Hormonersatztherapie (Hor-

monsubstitution) meist während und nach den →Wechseljahren vorgenommener Ersatz von fehlenden weiblichen →Hormonen in Form von Präparaten, die eine den individuellen Bedürfnissen entsprechend eingestellte Östrogen/Gestagen-Kombination enthalten

Hypermenorrhoe verstärkte Monatsblutung, die in der Regel auf organische Ursachen zurückzuführen ist

Hypomenorrhoe sehr schwache Monatsblutung, die zusätzlich von sehr kurzer Dauer sein kann und meist auf eine im vorangegangenen Menstruationszyklus ungenügend aufgebaute Gebärmutterschleimhaut zurückzuführen ist

Hypophyse siehe →**Hirnanhangsdrüse**

Hypothalamus Teil des Zwischenhirns, das über eine ständige Blutanalyse alle hormonellen Vorgänge im Körper kontrolliert und durch die Bildung eigener Hormone das gesamte Hormonsystem steuert

Infertilität (Unfruchtbarkeit) Unfähigkeit, ein Kind bis zu dessen Lebensfähigkeit auszutragen

Insemination künstliche Befruchtung durch das Einbringen von Samenzellen direkt in den →Zervikalkanal

Invitro-Fertilisation künstliche Befruchtung außerhalb des Körpers im Reagenzglas, indem die Eizelle dort mit →Sperma befruchtet und anschließend in die Gebärmutter eingepflanzt wird

Karzinom bösartige Krebsgeschwulst aus Epithelzellen (Zellen des Gewebes, das die inneren und äußeren Oberflächen der Organe bedeckt)

Klimakterium siehe →**Wechseljahre**

Kolpitis (Vaginitis) Entzündung der Scheidenschleimhaut

Kontraktion Zusammenziehen von Muskeln, z. B. der Gebärmuttermuskeln bei der Geburt (Wehen) und bei der Menstruation

Kontrazeptiva siehe →**orale Kontrazeptiva**

Laktation durch die Hormone →Prolaktin und →Oxytozin ausgelöste Milchbildung in den weiblichen Brustdrüsen, wodurch das Stillen eines Säuglings ermöglicht wird

LH (luteinisierendes Hormon) löst den Eisprung aus und stimuliert anschließend den →Gelbkörper zur Bildung von →Östrogen und →Progesteron

Libido (Begierde, Trieb, Geschlechtstrieb, sexuelle Lust) Bedürfnis, sich sexuell zu betätigen

Lipom gutartige Geschwulst aus Fettgewebe

Malignität Bösartigkeit, meist von Tumoren

malignes Melanom bösartiger Tumor aus melaninproduzierenden, also pigmentbildenden Zellen, wie z. B. der Haut

Mamma weibliche Brust

Mamille Brustwarze

Mammografie Röntgenuntersuchung der weiblichen Brust zur Früherkennung bzw. Diagnose von krankhaften Veränderungen des Brustgewebes

Mastektomie operative Entfernung der Brustdrüse

Masturbation (Onanie) Selbstbefriedigung durch manuelle Reizung der Geschlechtsorgane

Menarche erste Monatsblutung etwa drei bis vier Jahre nach dem Beginn der Pubertät

Menopause letzte Monatsblutung während des Klimakteriums

Menstruation (Periode, Regel, die »Tage«, Monatsblutung, Menses) periodisch (meist etwa monatlich) auftretende Blutung aus der Gebärmutter durch die Scheide nach außen, die neben Blut außerdem abgestorbene Zellen der Gebärmutterschleimhaut, Schleim aus dem →Zervikalkanal und der Scheide sowie Bakterien enthält

Metastase Tochtergeschwulst (Tumor), die durch Verschleppung von Geschwulstkeimen vom Ursprungsort über Blutbahn oder Lymphflüssigkeit an entfernten Orten entsteht

Myom gutartiger Tumor in den Muskelfasern, z. B. in der Gebärmuttermuskulatur

negativ wird im wissenschaftlichen Sinn gebraucht und heißt, dass der Verdacht auf eine Krankheit nicht bestätigt wurde, die Patientin also in dieser Hinsicht gesund ist

Nidation Einnistung der befruchteten Eizelle in die Gebärmutterschleimhaut

Oligomenorrhoe zu seltene Monatsblutung mit einem Zyklusintervall von mehr als 35 Tagen

Östrogen weibliches Geschlechtshormon, das in den Eierstöcken und in der Plazenta gebildet wird und die meisten weiblichen Geschlechtsfunktionen steuert (wird in sehr geringen Mengen auch von den männlichen Hoden gebildet)

oral durch den Mund, z. B. orale Einnahme von Medikamenten (Tabletten, Tropfen), oraler Geschlechtsverkehr (Oralsex)

orale Kontrazeptiva (Anti-Baby-Pille, die »Pille«, orale Antikonzeptiva) Präparate mit →Östrogen und/oder →Gestagen, die als Empfängnisverhütungsmittel eingenommen werden

Orgasmus Höhepunkt und (normalerweise) Befriedigung sexueller Erregung bei Geschlechtsverkehr oder Masturbation

Oxytozin weibliches Hormon, das im Hypothalamus gebildet und von der Hirnanhangsdrüse gespeichert wird und bei der Geburt die Kontraktionen der Gebärmuttermuskulatur (Wehen) und bei der stillenden Mutter die der Muskulatur um die Milchausführungsgänge in der Brust zur Milchabführung anregt

Penetration Eindringen des Penis in die Scheide

Plazenta (Mutterkuchen) Organ zur Ernährung und zur Aufrechterhaltung anderer lebenswichtiger Funktionen des Fetus in der Gebärmutter, das zu diesem Zweck am Beginn der Schwangerschaft gebildet und unmittelbar nach der Geburt als so genannte Nachgeburt ausgestoßen wird

PMS (prämenstruelles Syndrom) Beschwerden vor dem Beginn der Monatsblutung

Polymenorrhoe zu häufige Monatsblutung von normaler Stärke und Dauer mit einem Zyklusintervall von weniger als 25 Tagen

Portio der in das Scheidenende ragende und dort fühlbare Teil des Gebärmutterhalses

positiv wird im wissenschaftlichen Sinn gebraucht und heißt, dass der Verdacht auf eine Krankheit bestätigt wurde, die Patientin also in dieser Hinsicht erkrankt ist

Progesteron weibliches Geschlechtshormon, das vom Gelbkörper nach dem Eisprung gebildet wird und für den Aufbau der Gebärmutterschleimhaut, für die Einnistung (Nidation) der Eizelle in die Gebärmutterschleimhaut und für alle schwangerschaftserhaltenden Vorgänge verantwortlich ist

Prolaktin milchbildendes Hormon, das während der Stillzeit in der Hirnanhangsdrüse gebildet wird und in der Brust die Milchbildung anregt und zudem über die Hemmung von →LH und →FSH den Eisprung verhindert

Pubertas praecox frühe Geschlechtsreife mit der ersten Monatsblutung vor dem 8. Lebensjahr

Pubertas tarda späte Geschlechtsreife mit der ersten Monatsblutung nach dem 16. Lebensjahr

Refertilisierung Wiederherstellung der Durchgängigkeit von Eileiter (oder Samenleiter beim Mann) mittels eines operativen Eingriffs

Risikoschwangerschaft Schwangerschaft mit schon vorher bekannten Risiken (Krankheiten, hormonelle Probleme oder andere Gesundheitsstörungen), die das Austragen des Kindes bis zu dessen Lebensfähigkeit in Frage stellen könnten

RU-486 in Deutschland nicht zugelassenes Präparat mit einer Substanz, die sich gegen die schwangerschaftserhaltende Wirkung von →Progesteron richtet und deshalb als Abtreibungsmittel gilt

Sarkom bösartige Krebsgeschwulst an Zellen des Bindegewebes mit starker Neigung zu frühzeitiger Bildung von →Metastasen

Sekret Flüssigkeit aus Körperdrüsen, wie z. B. →Hormone, Scheidenflüssigkeit, Speichel, Magensäfte

Sonographie Untersuchung mit Ultraschall insbesondere der Unterleibsorgane oder des Embryos bzw. des →Fetus während der Schwangerschaft

Spermizide innerhalb der Scheide Samenzellen abtötende Substanzen als Mittel der Empfängnisverhütung meist in Verbindung mit mechanischen Verhütungsmittel (Scheidendiaphragma, Portiokappe) oder auch allein als Scheidenzäpfchen

Sterilität (Unfruchtbarkeit) ungewollte Kinderlosigkeit eines Paares trotz regelmäßigen, ungeschützten Geschlechtsverkehrs, die ihre Ursache sowohl bei der Frau als auch beim Mann haben kann

Striae Streifen auf der Haut durch eine Schädigung der elastischen Hautfasern, wie z. B. bei Schwangerschaftsstreifen

Temperaturkurve tägliche Niederschrift der Basaltemperatur (Aufwach- oder Morgentemperatur) in grafischer Form zur Ermittlung der Zeit des Eisprungs entweder als Mittel der Empfängnisverhütung oder als Methode zur Ermittlung der fruchtbaren Zeit bei Kinderwunsch

Testosteron männliches Geschlechtshormon aus der Gruppe der →Androgene, das in sehr geringer Menge auch in den Eierstöcken und den Nebennieren der Frau gebildet wird

Tube Eileiter

Uterus Gebärmutter

Vagina Scheide

Vaginismus (Scheidenkrampf) Verkrampfung der Scheidenmuskulatur unter heftigsten Schmerzen mit meist psychischer Ursache, sodass im Extremfall Penis, Finger oder Tampon nicht eingeführt werden können

Wechseljahre (Klimakterium, Menopause) Lebensabschnitt der Frau zwischen dem 47. und 53. Lebensjahr, in dem die Produktion der weiblichen Hormone absinkt und schließlich eingestellt wird, sodass die Unfruchtbarkeit mit dem sichtbaren Zeichen der letzten Menstruation eintritt

Wochenfluss (Lochien) Absonderung von Wundsekretion aus der Gebärmutter bis zu sechs Wochen nach der Geburt in sich mit der Zeit verändernder Zusammensetzung

Zervix (Gebärmutterhals) der untere, zylindrisch ausgebildete Teil der Gebärmutter, der in das Scheidenende mit dem äußeren Muttermund (Portio) fühlbar hineinragt und den etwa 2,5 Zentimeter langen Zervikalkanal umgibt

Zyklus sich gleichmäßig wiederholender Ablauf, wie z. B. der Menstruationszyklus

Zyste mit Flüssigkeit gefüllter Hohlraum, wie z. B. eine Ovarialzyste an den Eierstöcken

Der Autor

Herbert Schwinghammer lebt als Fotograf und freier Journalist in München. Gesundheit und ganzheitliche Medizin, das sind die Themen, auf die er sich spezialisiert hat. Neben zahlreichen Artikeln und Beiträgen in Fachzeitschriften sind von ihm bereits mehrere Bücher zu entsprechenden Fragestellungen erschienen.

Haftungsausschluss

Die Deutsche Bibliothek – CIP Einheitsaufnahme

Herbert Schwinghammer:
Hormone. Stoffe, die unser Leben steuern/Herbert Schwinghammer. –
Augsburg: Weltbild, 1998
ISBN 3-89604-384-6

Bildnachweis

Bilderberg Archiv der Fotografen GmbH, Hamburg: 43 (Jose Azel), 44 (Milan Horacek), 45 (Thomas Ernsting), 113 (A. Griffiths); Bühler, Traudel, Augsburg: 7; Lechner, Limo, Pastetten: 4, 8, 35; PhotoPress Bildagentur GmbH, Stockdorf/München: 88 (Gerhard), 132 (Aska); Bild-Archiv OKAPIA KG, Berlin: 5 (A. Jorgensen), 10 (Manfred P. Kage), 94 (A. Jorgensen), 97, 131 (P. Harrington/P. Arnold); Bild-Archiv Okapia KG, Frankfurt: 2 (Michael Davidson), 19 (Jeffrey Telner), 21 (Tschanz-Hofmann), 31 (Jeffrey Telner), 40 (D. M. Phillips), 53, 65 (Fred Bruemmer), 91, 101 (K. Schafer), 128 (Jeffrey Telner); zefa Zentrale Farbbildagentur GmbH, Frankfurt: 20 (Knoche), 22 (Kevin Dodge), 32 (Jonas), 47 (Grinsven), 54 (G. Baden), 56 (H.G. Rossi), 57 (C. Henderson), 62 (H.G. Rossi), 71 (Wartenberg), 73 (Wartenberg), 76 (Pfeiffer), 81 (R.Weir), 82 (H. G. Rosi), 98 (H. G. Rossi), 102 (K+H Beuser), 103 (Mednet), 116 (L. Doss), 123 (H. G. Rossi); Studio für Illustration und Fotografie Sascha Wuillemet: 134
Titelbild: Bavaria Bildagentur, Gauting

Literaturverzeichnis

Graf, Friedrich P.: Ganzheitliches Wohlbefinden – Homöopathie für Frauen. Ein Begleiter für die wichtigsten Lebensphasen. Herder. Freiburg, Basel, Wien 1994.

Gros, Rainer: Gynäkologie für Frauen. Trias. Stuttgart 1996.

Huber, Johannes: Die Hormontherapie. Gesundheit, Jugendlichkeit, blühendes Aussehen. Ariston Verlag. Genf, München 1993.

Minker, Margaret: Hormone und Psyche. Frauen im Wechselbad der Gefühle. Deutscher Taschenbuch Verlag (dtv). München 1996.

Sautter, Thomas: Unerfüllter Kinderwunsch – ein Schicksal? Mögliche Ursachen, Untersuchungen, Behandlungsmethoden. Trias. Stuttgart 1994.

Vollmer, Helga: Hormone und was Frauen darüber wissen müssen. Verlag Carl Ueberreuther. Wien, München 1998.

Impressum

Weltbild Buchverlag

Redaktion: Dr. Horst Leisering • Stephan Kraft
Bildredaktion: Miriam Zöller • Ute Kleiner
Umschlag: Dirk Risch, München
Layout: Fischer's DTP-Studio, München
DTP/Satz: satz & repro Grieb, München
Druck und Bindung: Franz Spiegel Buch GmbH, Ulm
Reproduktion: GAV PrePress, Gerstetten

Gedruckt auf chlorfrei gebleichtem Papier

Printed in Germany

ISBN 3-89604-384-6

Register

A

Adenomyosis uteri 70
Adlosteron 16
Adrenalin 16, 55
Adrenarche 50
Adrenokortikotrope Hormone (ACTH) 14f.
Aglanduläre Hormone 11
Akne 52
Akromegalie 59
Amenorrhoe 75
Androgene 22f., 26, 34, 54, 142f.
Androstendion 34
Angina pectoris 147
Anti-Androgene 83
Antibabypille 21
Antidiuristische Hormone (ADH) 13
Anti-Müller-Hormon 41
Arterienverkalkung 147
Asherman-Syndrom 75
Attraktivität 155

B

Basaltemperatur 105, 122
Blasenschwäche (Inkontinenz) 147
Blutbildbestimmung 144
Blutgerinnung 24f.
Bluthochdruck 147
Botenstoffe 6
Brustdrüsen 22, 43
Brustkrebs 136, 150
Brustwarzen 32

D

Dehydroepiandrosteron (DHEA) 34, 153, 157, 161ff.
Depression 100, 127, 147
Diabetes mellitus 60
DMPS-Test 144
Drüsenzelle 6
Dysmenorrhoe 69f.

E

Eierstöcke 24f., 52
Eierstockhormone 117
Eierstocktumoren 150
Eiervorrat 43
Eileiter (Tuben) 24f.
Eireifung 111f.
Eireifungshormone 14
Eisprung (Ovulation) 12, 31, 37, 71, 78, 82, 96, 105, 110ff., 122
Eisprunghormon, lutenisierendes Hormon (LH) 14f., 29, 37f., 52f.
Elastizitätsverlust 124
Embolien 150
Embryo 96f.
Embryonalphase 41
Emmenagogum 74
Empfängnisschutz 90
Empfängnisverhütung 31, 82ff., 95, 122
Endokrinologie 20
Endometriose 70
Entspannungstechniken 81
Enzyme 23ff.
Enzymproduktion 9
Erythropoetin 16
Essstörungen 60

F

Fettsucht 65
Flüssigkeitseinlagerungen 132
Flüssigkeitshaushalt 13
Follikelreifung 12, 66
Follikelreifungsphase 35
Fortpflanzung 94
Frauenhormone 26ff.
Freisetzungs-, Eizellenwachstumshormon (FSH) 8, 14f., 29, 37f., 52f., 114
Freisetzungshormon (GnRH) 111
Fruchtbarkeit 116ff.
Frustration 70

G

Gastrin 19
Gebärmutterhals 24f.
Gebärmutterkrebs 74
Gebärmuttermuskulatur 70
Gebärmutterschleimhaut 39, 43, 78, 120
Gebärmuttertumoren 150
Gelbkörperhormon 12, 31, 38f., 43, 79, 142
Gelbkörperphase 35
Gelenkschmerzen 137
Genetische Zellstruktur (DNA) 9
Genitalfalten 42
Genitalhöcker 42
Genitalwülste 42
Gesamthormonhaushalt 160
Geschlechtshormone 9, 95
Geschlechtsorgane 42, 45
Gestagen 23, 25, 30f.
Glanduläre Hormone 11
Gleitmittel 133
Glukagon 19
Glukokorikoide 111
Gonadarche 50
Gonadotropin 10, 112f.
Gonadotropin-Releasing-Hormon (GnRH) 14, 29, 52
Graaf-Follikel 37f.
Gynodian-Depot 165

H

Haarausfall 143
Haarwachstum 52
Hermaphroditismus 60
Herzerkrankungen 60
Histamin 20
Hitzewallungen 123, 137
Hormonabbau 98
Hormonbehandlung 110, 129, 134f.
Hormondrüse 13

Hormonelle Störung 102
Hormoneller Regelkreis 114
Hormonersatztherapie 149, 151ff.
Hormongleichgewicht 56
Hormonhaushalt 94
Hormonkonzentration 103
Hormonpflaster 128
Hormonproduktion 157
Hormonschwankungen 127
Hormonspiegel 106, 136
Hormonstörungen 108ff.
Hormonsturz 99
Hormonsystemstörung 104f.
Hormontherapie 130, 134ff., 138ff.
Hormonumstellung 121
Humanes Chorion-Gonadotropin, Mutterkuchenhormon (HCG) 17, 30, 112
Humanes Chorion-Somatomammotropin (CSG) 99
Hypermenorrhoe 67
Hypophyse 8, 12ff., 21
Hypophysenhinterlappen 15
Hypophysenvorderlappen 15
Hypothalamus 8, 12f., 21

I

Inhibin 41
Insulin 19

K

Kalzitonin 19
Kalzium 131
Kalziumhaushalt 19
Kapillare 6
Keimzelle 41
Kinderwünsche 102ff.
Klimakterium 116, 118ff., 126, 136
Klimakteriumsbeschwerden 129, 132f.
Knochenschwund 148
Knochenzellen 148
Kondom 122
Kontraktionsschmerzen 71
Kortisol 97
Kortison 16

L

Laktation 100
LH-Werte 107
Libido 125
Lustempfinden 54
Lutealphase 36

M

Mangelernährung 152
Mehrlingsschwangerschaften 110, 113
Melatonin 10, 20, 51, 153, 157ff.
Melatoninspiegel 160
Menarche 50
Menopause 74, 116ff., 121
Menorrhagie 68f.
Menstruationsbeschwerden 73
Menstruationsblutung 63, 120, 122, 135
Menstruationsphase 35f.
Menstruationsschmerzen 69f., 73
Menstruationszyklus 28f., 34ff., 62ff.
Metrorrhagie 65ff.
Milchbildung 100
Milchbildungshormon 32
Milchfluss 100
Minipille 92
Monatszyklus 27
Müller-Gang 41
Mutterhormone 43
Mutterkuchen 27
Myometrium 24f.

N

Nabelschnur 43
Nachgeburt 99
Nebenniere 97
Neurosektorische Hormone 11
Nikotinkonsum 88
Noradrenalin 55

O

Oligomenorrhoe 64f.
Osteoklasten 165
Osteoporose 27f., 131, 147ff.
Östradiol (Estradiol) 28, 131, 138ff.
Östradiolinjektionen 139
Östradiolkristalle 139
Östradiolpflaster 140
Östradiolpulver 138f.
Östradiolsalbe 140
Östradiolspiegel 28
Östriol 141
Östrogene 7, 16ff., 23f., 26, 63f., 75, 79, 98, 128, 131, 135, 137f., 142, 149ff., 156
Östrogenersatztherapie 164
Östrogen-Gestagen-Kombination 145
Östrogenmangel 137, 147
Östrogenspiegel 78, 120
Östrogentherapie 130
Östrogenwerte 107
Östron 141
Ovarektomie 118
Ovarialzysten 70
Ovulationsauslöser 63f., 75
Ovulationshemmer 71, 85f., 89
Oxytozin (Gebärmutterkontraktions-, Milcheinschusshormon) 14f., 33, 100

P

Parathormon 19
Patienten-Arzt-Verhältnis 121
Pearl-Index 82
Pepsin 20
Peptidhormone 8f.
Periodenschmerzen 69
Pflanzentherapie 61
Physischer Kontakt 45, 48
Phytochrome 7
Phytohormone 7
Phytoöstrogene 130
Pigmenthormon (MSH) 15

Pigmentierung 10
Pille 122
Pille danach 92f.
Pillennebenwirkungen 87f.
Pillenpause 86
Pillenvariationen 83f.
Plazebo 85
Plazenta 17, 27, 39, 43
PMS-Symptome 77
Polymenorrhoe 63
Polypeptidhormone 8f.
Postmenopause 116, 126
Postpartale Depression 99
Prämenopause 116f.
Prämenstruelle Syndrom (PMS) 76ff., 126
Primäre Amenorrhoe 57
Progesteron 17, 28, 30f., 63f., 75, 135, 137
Progesteronspiegel 78, 120
Progesteronwerte 107
Prolaktin 32, 100
Prolaktin-hemmendes Hormon (PIF) 32
Prolaktinüberproduktion 110f.
Prolaktinwerte 107f.
Proliferationsphase 36
Prostaglandine 17f.
Psychischer Kontakt 45
Pubarche 50
Pubertas praecox 56
Pubertät 40ff.
Pubertätsverlauf 50
Pubertätsgynäkomastie 50

R

Ralofixen 153
Regelblutung 56
Relaxin 18, 34
RU-486 93

S

Salzsäuresekretion 19
Samenkeimung 7
Saugreiz 32
Schambehaarung 55
Scheidendiaphragma 122
Scheidentrockenheit 124
Schilddrüse 97
Schilddrüsenerkrankungen 115
Schilddrüsenhormonwerte 108
Schlaflosigkeit 137
Schlafstörungen 147
Schmerzhafter Geschlechtsverkehr 14
Schönheitsideal 154
Schwangerschaft 27, 94ff.
Schwangerschaftstest 104
Schweißausbrüche 137
Sekretin 20
Skeretionsphase 36
Sekundäre Amenorrhoe 74
Sexualleben 94
Sheehan-Syndrom 75
Siebzehn(17)-Hydroxyprogesteron 34
Skelett 23ff.
Somatostatin 16
Spirale (Intrauterinpessar) 91, 122
Stein-Leventhal-Syndrom 59
Sterilität 102ff., 109
Steroidhormone 8f.
Stillen 75
Stimmungsschwankungen 127
Stoffwechsel 23ff., 27
Stoffwechseleinstellung 115
Stress 60, 70, 103, 109
Stresshormone 56
Synthetische Hormone 82ff.

T

Tag-Nacht-Rhythmus 7
Testikuläre Feminisierung 60
Testosteron 17f., 34
Testosteronwerte 108
Thalamus 8
Thelarche 50
Thrombosen 150
Thymosin 20
Thymusextrakt 145
Thyreotropin 16
Thyroxin 19, 97, 115
Triglyzeridwerte 150
Trijodthyronin 19, 115
Tuberkulose 60
Turner-Syndrom 60

U

Übergewicht 60, 88, 147
Überstimulierungssyndrom 113
Ultraschalluntersuchung 109
Urin 10
Urniere 41

V

Vagina 24f.
Vaginale Atrophie 124
Vasopressin 14f.
Venenentzündungen 150
Virilismus 18, 22
Vorzeitige Wechseljahre 137

W

Wechseljahre 116, 119, 126, 146ff.
Wechseljahrebeschwerden 163
Wehen 33
Wochenbettdepression 99

X

XX-Chromosomen 40f.
XY-Chromosomen 40f.

Y

Y-Geschlechtschromosom 42

Z

Zellteilung 96
Zentralnervensystem 23ff.
Zervix-Index 106
Zervixschleim 106
Zottenhaut 41
Zwitter 40
Zysten 150